치유하는 인간

비용까지 지불하며 자신의 고통을 나눠준
수많은 내담자의 가르침 덕분에
이 책을 집필할 수 있었습니다.

숨과 영혼까지 꽉 막힌 듯한
고통 가운데 매일매일을 사시는
가습기살균제 피해 가족들에게
이 책을 바칩니다.

치유하는 인간

권수영 지음

타인도 나 자신도 위로할 줄 모르는 당신에게

HOMO SANANS

EBS
BOOKS

나는 제 주소를 찾지 못하고 있는 정체불명의 단어, '힐링 (healing)'의 의미를 연구하는 학자이자, 내담자의 인생 문제를 함께 고민하고 풀어가는 상담가다. 하지만 누군가 힐링이라는 단어를 정의해보라고 하면, 나 역시 답변을 주저할 수밖에 없을 것 같다.

그래도 학생들이나 내담자들이 힐링의 의미를 물어 올 때면, 언제인가부터 아주 오래된 라틴어 명언이 떠오르고는 했다.

Medicus curat, Natura sanat.
의사는 치료하고 자연은 치유한다.

‘인간의 치료’, ‘자연의 치유’라니, 과연 어떤 뜻을 함축하고 있는 것일까?

몇 해 전 나는 가벼운 사고로 손가락 끝마디의 인대가 끊어진 적이 있다. 끝마디에 힘을 주어도 도무지 움직일 수가 없었다. 다급하게 병원을 찾았다. 정형외과 의사는 손가락 끝에 손쉽게 끼고 뺄 수 있는 깁스 처치를 해주며 4주간 움직이지 않으면 저절로 인대가 붙는다고 했다.

4주가 지나 깁스를 풀었지만, 인대는 붙지 않았다. 손가락을 움직이지 말라는 의사의 지시를 내가 제대로 따르지 않은 탓이었다. 이번에 의사는 내가 손가락을 움직이지 못하도록 아예 손가락 안에 철심을 박는 시술을 했다. 그렇게 나는 6주 동안 손가락 끝을 전혀 움직일 수 없었고, 결국 인대는 붙었다.

분명히 의사의 의료적인 처치가 있었지만, 인대를 붙인 것은 의사가 한 일이 아니다. 인대의 자연적인 소생력이 의사의 치료를 완성한 것이다. 그래서 의학의 아버지로 불리는 철학자 히포크라테스는 “치료는 자연이 하고, 의사는 조력자일 뿐”이라는 의미의 말을 남겼던 것이다.

맛있는 음식이나 근사한 여행이 우리를 치유하는 것이 아니다. 우리 모두는 스스로를 치유할 수 있는 잠재력을 타고났다. 이는 자연이 준 최고의 선물이요, 신(神)이 인간에게 허락한 무한한 능력이다. 나를 자연과 우주의 한 부분으로 느끼고, 자신에게 주어진 생명을 선물로 인식하는 것이 중요하다.

　　내면의 고통을 피하지 않고 대면하는 것이 자연적인 소생력을 불러일으키는 시작이다. 서구의 통증클리닉 의사들이 마음챙김(mindfulness) 명상을 권하는 것도 이 때문이다. 의사는 환자에게 오히려 그들의 통증 부위를 가만히 느껴보라고 주문한다. 통증은 무서워 도망쳐야 할 고통이 아니라, 내 안에서 발생하는 무엇, 즉 나의 일부인 것이다.

　　불교 명상인지 기독교 명상인지 따지지 않아도 된다. 호흡에 집중하면서, 살아 있음을 느끼면 된다. 자신을 타인과 비교하여 판단하지 않고 내면을 가만히 들여다보면 된다.

　　우리는 너무나 쉽게, 화가 나면 내면은 분노로 가득 차 있다고 느끼고, 창피를 당하면 세상 모두가 자신을 비

웃는다고 여기는, 비합리의 함정에 빠진다. 나를 향한 가혹한 판단을 내려놓으면, 내 안에 있는 분노나 수치심도 그저 수만 가지 느낌 중 하나로 여길 수 있게 된다. 고통과 불편함을 나의 일부로 받아들이면 그 농도가 옅어진다.

코비드(COVID)19가 한창이던 2020년 봄, 한국교육방송공사 〈EBS〉는 〈마스터〉라는 강연 프로그램과 그 강연을 책으로 출간하는 프로젝트를 시작했다. 이미 '힐링'은 기시감과 피로감이 높은 주제이지만, 강연을 열고 출간까지 함께 해준 〈EBS〉 '북&렉처' 팀의 모든 관계자에게 깊은 감사 인사를 드리고 싶다. 우리 사회에 힐링은 여전히 유효한 주제이자, 그 진화가 절실하다는 믿음을 보여주었다.

이 책을 통해 저 밖이 아닌, 바로 우리 안에 이미 치유의 힘이 내재되어 있다는 것을 독자 여러분께 전하고 싶었다. 자신의 자리를 떠나야만 하는 힐링은 없다. 치유는 나로부터, 내가 서 있는 여기에서 시작된다.

2020년 12월

권수영

차례

Homo Sanans

프로이트에 기대어
— 마음의 공격수와 수비수

지그문트 프로이트(Sigmud Freud, 1856~1939)는 만 17세에 비엔나 의과대학에 입학한 천재였다. 그 천재 의학도가 관심을 쏟은 분야는 생리학이었는데, 그는 생리학 연구자로 살면서 비엔나 의과대학 교수가 되는 게 일생의 꿈이었다. 그런 프로이트는 당대 최고의 생리학자이자 비엔나 의과대학 교수였던 에른스트 브뤼케(Ernst Wilhelm von Brücke, 1819~1892)의 눈에 쏙 들었다.

브뤼케는 프로이트가 자신의 뒤를 이을 만한 생리학자가 되리라고 기대했다. 그런데 안타깝게도 극심한 인종적 편견이 프로이트의 앞길을 가로막았다. 프로이트는 유태인이었다. 당시 오스트리아에는 유태인에 대한 심한 차

별이 존재했고, 대학교수와 같은 지위는 그들에게 허락되
지 않았다.

　브뤼케는 어느 날 프로이트를 불러서 솔직하게 이야
기하기로 마음먹었다. "지그문트, 자네는 훌륭한 교수 후
보생이네. 그런데 이런 말을 하게 되어 유감이군. 자네는
이곳에서 교수가 될 수는 없을 것 같네. 슬프지만 자네가
유태인이기 때문이네." 그리고 나서 브뤼케는 새로운 대안
을 제시했다. "지그문트, 나는 자네가 정말 뛰어난 의사가
될 수 있으리라고 생각하네. 차라리 개업을 해서 신경정신
과 의사로 사는 게 어떻겠나."

　브뤼케를 스승으로 따랐던 프로이트는 그의 말을 따
라 바로 개업을 하게 된다. 당시 정신질환을 앓는 환자를
치료하는 방법은 그리 다양하지 못했다. 심지어 환자에게
거의 고문에 가까운 치료법이 시행되기도 하던 시절이다.
프로이트는 얼마 지나지 않아 자신만의 치료법을 모색하는
혁신적인 임상가로 변신했다. 눈만 뜨면 여러 환자의 신경
증을 치료하던 그는 정신질환에 대한 다양한 치료법을 연
구하기 시작했다.

그가 유태인이 아니었다면 어쩌면 정신분석학은 이 세상에 존재하지 않았을지도 모른다. 생리학자를 꿈꿨던 프로이트의 머릿속에는 생리학의 구조가 가득했다. 임상가로 변신한 그는 자연스럽게 생리학의 원리를 염두에 두고 마음의 세계를 이해하려고 애를 썼다.

당시 생리학은 브뤼케가 주창한 역동적 생리학(dynamic physiology)의 방향으로 발전하고 있었다. 역동적 생리학이란 우리의 신체를 구성하는 모든 조직이 생존을 위해 서로 유기적으로 기능한다는 전제를 바탕으로 한다. 신체 조직이 외부환경으로부터 갑자기 어떠한 자극을 받으면, 그래서 불쾌감을 느끼면 그것을 즉시 방출하도록 유기적으로 설계되어 있다는 것이다.

예컨대 조명이 환한 스튜디오에 있던 사람이 조명을 모두 끈 상태로 한 시간 정도 있었다고 가정해보자. 그러다 갑자기 스튜디오에 조명을 모두 환하게 켠다. 그럼 그의 눈이 어떻게 반응할까. 눈꺼풀은 약속이나 한 듯이 거의 반자동적으로 반쯤 감길 것이다. 그렇다면 눈꺼풀은 누구의 명령으로, 누구의 지시로 감긴 걸까. 이런 반응은 그의 뇌가 명령한 것이 아니다. 그도 모르는 사이 그냥 자동적으로 감긴 것이다. 우린 이것을 '반사 신경'이라고 부른다.

프로이트는 정신이나 마음의 세계에도 이런 신체적 반사 신경 같은 무언가가 있지 않을까 연구하기 시작했다. 그리고 그는 마음에도 이처럼 자동적으로 심리적인 불쾌감을 방출하는 기능이 있다는 것을 발견해냈다. 프로이트는 여기에 아주 독창적인 이름을 붙였다. 독일어를 사용한 그는 이런 마음의 기능을 단순하게 '그것(es)'이라고 불렀다.

프로이트는 우리의 의지와는 상관없이 외부 자극에 반응하여 신체가 갑자기 자동적으로 반사하는 '그것'을 염두에 두고, 정신의 역동에도 적용한 것으로 보인다. 그는 결국 마음의 구조, 즉 정신역동을 세 가지 용어로 설명한다.

그것(es)

나(ich)

내 위에 있는 것(über-ich)

프로이트의 이 정신역동 3중 구조가 영어로 번역되면서 그의 의도와 달라졌고, 지금의 이드(Id), 자아(ego), 초자아(super-ego)에 이른 것이다. 사람들이 한번쯤 들어봤을 법한 이 용어는 모두 의역된 영문 용어이다.

'그것'의 정체

'그것(es)'을 영어로 직역하면 '이트(it)'라고 해야 될 텐데 왜 '이드(id)'라고 했을까? 타이프를 치다가 t를 누를 것을 d를 잘못 누르는 바람에 id가 됐다고 주장하는 사람도 있다. 국내 정신의학 연구자들은 이 용어(es/id)를 '원본능(原本能)'이라고 번역한다. 다소 어렵지만 원본능이란 바로 신체의 그것(es), 즉 반사 신경처럼 우리 내면에 자리 잡고 있으면서 우리의 정신세계를 본능적으로 보호하는 역할을 하는 것이라고 이해할 수 있다.

프로이트는 이 원본능을 설명하기 위해 꿈을 연구했다. 1900년에 출간한 그 유명한 저서 『꿈의 해석(Die Traumdeutung)』에서 프로이트는 인간의 신체 기능 중 반사 신경 같은 '그 무엇(es)'이 꿈에서 적극적으로 발현된다고 주장한다. 시신경이 외부 자극을 받으면 신체의 불쾌감을 방출하기 위해 반사 신경을 작동하듯이, 마음의 불쾌감을 방출하기 위한 장치가 바로 '꿈'이라는 것이다.

최근 직장을 잃은 한 사람이 있다. 그는 벌이가 전혀 없어서 끼니를 때울 형편마저 마땅치 않다. 너무 배가 고픈데 마음까지 서럽다. 단순히 배고픔이라는 신체적 불쾌감만이 문제가 아니다. 사회적 박탈감과 소외감이 심해진다. 그런데 꿈을 꾸면 꿈속에는 부정적인 정서를 한번에 날려버릴 수 있고 간절한 소원도 성취할 수 있다. 요즘 점차 멀게만 느껴지던 친구들과 친지를 죄다 불러놓고 시원하게 한턱내면서 파티를 열기도 한다. 참석한 모두가 나에게 고마움과 부러움의 시선을 보낸다. 꿈속에서나마 소위 힐링(healing)을 경험한 것이다. 이렇게 심리적 불쾌감을 방출하려는 마음의 구조를 프로이트는 '방어기제(defense mechanism)'라고 불렀다.

신 포도라면 질색이야!

애인이 나를 배신했다고 가정해보자. 그가 혹은 그녀가 너무 미워 죽겠다. 그런데 나 자신에 대한 감정도 나를 힘들게 한다. 자존심이 상한다. 그래서 다른 사람들을 만날 때도 기가 죽고 자괴감마저 든다. 이때 이런 불쾌한 감정을 방출하기 위해서, 마음 저 깊은 곳에서 어떤 움직임이 시작된다. "가만히 되짚어보니, 처음부터 나랑 그 사람은 성격이 정말 안 맞았어." 좀 더 시간이 흐르면 이런 생각도 든다. "아, 정말 큰일 날 뻔했다. 그 사람이랑 결혼했으면 난 진짜 불행했을 거야. 얼마 못 가서 대판 싸우고 헤어졌을걸." 마음의 조절이 일어나면서 한결 편해진다. 이런 마음의 운동을 프로이트는 '합리화(rationalization)'라는 방어기제라고 보았다.

이솝 우화에도 이런 방어기제의 사례가 등장한다. 여우가 길을 가다가 탐스럽게 열린 포도를 발견한다. 그래서 이 포도를 따 먹으려 펄쩍펄쩍 뛰어보지만 미치지 못한다. 아무리 뛰어도 딱 1인치 정도가 모자란다. 너무 속상

하다. '아, 내 다리, 조금만 더 길었으면 좋았을 텐데….'
자존심이 상한다.

이때 어떤 방어기제를 사용하면 좋을까? '가만히 있
어 봐. 저 포도 엄청 실 것 같아. 난 신 포도라면 질색이
야!' 이렇게 마음먹고 돌아서니 한결 편안하다. 이유는 단
순하다. 내가 못한 게 아니라 필요가 없어서 안 할 뿐이라
고 합리화하니 불쾌감이 줄어든 것이다.

프로이트는 이처럼 꿈속이 아닌, 깨어 있을 때에도
불쾌감을 방출하는 본능을 사용하는 마음의 원리를 '쾌감
원리(pleasure principle)'라 불렀다. 때로는 이 원리를 '쾌락 원
칙'이라고 번역하는 경우가 있는데, 원래 의미에서 벗어난
오해를 부를 수 있다. 인간은 본시 쾌락만을 추구한다고
의미를 왜곡하고 과장할 수 있는 것이다.

쾌락 원칙(쾌감 원리)은 사실 생리학적인 반사 신경에
대한 이해로부터 유래한 소극적 원리다. 쾌락을 추구하는
게 아니라, 최소한의 쾌감을 유지하고자 불쾌감이 일어나
면 떨쳐내려고 한다는 의미가 더 강하다. 어디까지나 방어
적 기능이라 할 수 있다. 프로이트는 본능이 주도하는 쾌감

원리만으로는 인간은 제대로 살 수 없다는 점을 강조한다.

'내 위에 있는 그것'

외출한 엄마를 기다리다가 배고픔에 지친 아이가 있다. 짜증이 마구 솟구칠 때쯤 엄마가 숨겨놓은 고동색 구슬 모양의 초콜릿을 발견했다. 반사적으로 손을 뻗어 바로 입으로 집어넣었다. 단맛은 바로 아이에게 진한 쾌감을 선사했다. 이것이 본능이다. 이날의 경험으로 아이는 어디 초콜릿이 숨겨진 데가 없나 여기저기 살펴보는 버릇이 생겼다. 구슬 모양으로 생기기만 하면 바로 그냥 입에다 집어넣었다. 초콜릿이 아니라 구슬 모양 사탕도 있었는데, 이 역시 아이에게 또 다른 쾌감을 주었다.

어느 날 이 아이에게 엄청난 사고가 발생했다. 그날도 아이는 구슬 모양의 물체를 입 안에 반사적으로 집어넣고 씹었는데, 알고 보니까 이번에는 초콜릿 색깔의 진짜 구슬이었다. 너무 힘차게 씹는 바람에 이가 부서지고, 심지어 그걸 삼키려다 목에 걸리고 말았다. 숨이 막힐 지경이다. 119 구급대가 오고 결국 병원에 가서 응급처치를 하고서야 사건은 마무리되었다. 그때부터 이 아이의 마음에는 새로운 원리가 작동하기 시작한다. 곰곰이 생각해보는 나(ich/ego)의 기능이 활성화된다. 다음부터는 쾌감을 얻기 위해 본능대로만 움직이지 말고, 차분히 생각을 해야 한다. 그래야 사고를 면할 수 있다. 먹을 수 있는 것과 그렇지 못한 것을 구분할 수 있어야 한다. 이에 프로이트는 때가 되면 본능에 이끌려서 불쾌감을 방출하는 쾌감 원리만으로 살 수 없다고 한 것이다. 생각하는 자아(ich/ego)가 전면에 나서서 현실 파악을 잘 해야만 더 큰 불쾌감을 막을 수 있다. 이를 그는 '현실 원리(reality principle)'라 불렀다.

게다가 남의 초콜릿을 보고 함부로 손을 댔다가는 더 큰 어려움에 직면하게 될 수도 있다는 의식이 자라난다. '도덕적 자아'의 등장이다. 프로이트는 '내 위에 있는 그것(über-ich)', 즉 초자아가 자신에게 말을 건네는 단계라고 보았다. '야, 너 안 돼. 네 것이 아니잖아. 먹지 마!' 이런 마음의 소리를 다른 말로 '양심'이라고 할 수도 있겠는데, 프로이트는 이 양심이라는 것이 철학자 칸트가 언급한 것처럼, 태어날 때부터 저 하늘의 반짝반짝 빛나는 별처럼 우리 안에 자리 잡고 있다고는 생각하지 않았다.

어떤 아이가 어린 시절 남의 물건에 손을 대다가 부모에게 심하게 혼이 난 적이 있다고 가정해보자. 이때 들었던 '절대 안 돼! 남의 것은 건드리지 마!'라고 했던 부모의 목소리는 여전히 우리 마음속에 내재되어 있을 수 있다. 프로이트는 내 안에 있는 부모의 목소리가 바로 양심의 소리, 바로 '내 위에 있는 그것'이라고 표현한 것이다.

내 안에 나를 치유하는 힘

이쯤에서 다시 방어기제로 돌아가보자. 방어기제는 좋은 것인가, 아니면 나쁜 것인가. 마음에 불편감을 방출할 수 있게 도와주는 것이니 좋은 것 아닌가. 그렇다. 우리 마음에 최소한의 안정과 평정심을 유지하도록 하는 순기능이 분명 있다. 그런 의미에서는 방어기제를 우리 모두가 보유하고 있는 가장 최소한의 힐러 본능이라고 여길 만하다. 그런데 우리가 평생 방어만 하고 산다면, 그 인생이 과연 행복할까?

늘 남성처럼 머리를 짧게 커트하고 다니는 여성이 있었다. 이 여성은 스물다섯 살이 될 때까지 언제나 바지만 입었다. 아주 어린 시절부터 '나는 왠지 치마는 안 어울리는 것 같아'라는 생각을 늘 하고 살았다. 교복을 입어야 했던 중·고등학교 시절에도 치마 안에는 항상 트레이닝복을 입고 다니다가 교문을 통과해 교실에 들어서면 바로 치마를 벗어버렸다.

학교 수업 과제로 상담에 참석한 그녀에게 상담사는 어떤 주제로 상담을 받고 싶냐고 물었다. 처음에는 잘 모르겠다던 이 여학생은 문득 학창 시절 내내 자신이 남학생보다 여학생에게 더 인기가 많았는데, 그 이유에 대해 궁금해했다. 그러니까 자신의 정체성, 좀 더 구체적으로는, 성(gender)과 관련된 정체성에 대해 탐구하고 싶다는 것이었다. 상담사와 내담자는 '성정체성의 탐색'을 합의된 목표로 정하고 상담을 시작했다.

"치마를 입지 않은 건 언제부터죠?" 상담사의 첫 번째 질문이었다. 머뭇거리던 내담자는 이렇게 답했다. "글쎄요. 잘 모르겠네요. 아주 오래된 것 같은데요. 제가 외동딸이거든요. 그런데도 치마 입는 걸 정말 싫어했어요." 상담사는 엄마나 아빠가 혹시 더 많은 자녀를 두고 싶어 했다거나, 특별히 아들을 원한 적이 있는지 조심스레 물어보았다. 내담자는 전혀 그렇지 않았다고 했다. 부모님은 지금까지 늘 자신을 공주처럼 여기신다고 했다.

의구심을 가진 상담사가 다시 물었다. "공주처럼 여기셨다면, 더더욱 부모님은 딸을 예쁘게 꾸며주고 치마를 사주셨을 것 같은데, 어떠셨어요?" 내담자는 즉시 답했다. "그럼요! 치마, 엄청 많이 사주셨죠. 그런데 전혀 안 입었어요." 내담자는 비싼 치마를 선물받을 때는 너무 죄송한 마음이 들어 집 안에서만 잠시 치마를 입고 있었던 적도 있다고 했다. 그런데 결국 밖에 나갈 때는 너무 어색하고 불편해서 바지만 입었다는 것이다. 결국 나중에는 부모님도 포기했다고 했다.

상담사는 이 내담자의 마음 안에서 뭔가(es)가 움직이고 있다고 직감했다. 오래전부터 이 여성의 마음 깊은 곳에 스스로를 방어하기 위한 목적을 가진 그것(es)이 이미 발동 중일 수 있었던 것이다.

과제로 주어진 5회의 상담이 끝났다. 하지만 내담자는 상담을 더 받고 싶다고 했다. 그래서 그 이후에도 10회가 넘게 어린 시절 이야기, 성정체성에 관련된 다양한 기억을 탐색하는 상담을 이어갔다. 그러던 어느 날 내담자는 갑자기 어린 시절 겪은 큰 사건 하나를 기억해냈다.

내담자가 예닐곱 살 무렵의 일이다. 예쁜 치마를 입고 나갔다가 평소 친하게 지내던 동네 오빠에게 성적인 수치를 당한 일이 불현듯 떠올랐다. 20년 가까이 잊고 있었던 성추행 사건이라 그것을 기억해낸 본인도 무척 당황스러워 했다.

상담사가 조심스레 당시 상황을 물었다. 내담자는 동네 오빠가 자꾸만 자신의 타이즈와 치마를 벗어보라고 요구하던 장면을 떠올렸다. 어린 소녀는 오빠의 집요함에 타이즈를 내렸고, 창피하기도 하고 한편 괜찮을 것 같기도 한 혼란을 느꼈다. 그리고 이제 치마까지 벗으려는 순간이었다. 다행히 동네 어른들이 다가오는 바람에 동네 오빠는 줄행랑을 쳤다.

집에 돌아와서는 엄마에게 밖에서 겪은 일에 대해 이야기했다. 동네 오빠가 이상한 일을 시켰는데, 자신이 그만 치마를 내릴 뻔했다고 울먹였다. 그때 엄마의 반응은 어떠했을까. "너 앞으로 절대 혼자 밖에서 놀지 마. 알았어?" 엄마의 언성은 꽤나 높았고, 아이는 극도로 두려워졌다. 엄마는 이 이야기를 아무한테도 하지 말라고 신신당부했다. 심지어 아빠한테도 절대 이야기하면 안 된다고 했다고 한다.

이런 기억을 조금씩 꺼내놓던 내담자는 그 순간 깨달았다. '아! 그러고 나서 나는 다시는 치마를 입지 않았구나.' 엄마의 반응을 접한 순간, 이 아이는 그 수치스러운 기억을 잊기 위해 마음속에서 방어기제를 작동시킨 것이다. 이때부터 치마는 내게 전혀 어울리지 않는다는 신념이 자리 잡기 시작했을 것이다. 이러한 방어기제는 이후 모든 남성을 자신에게 수치감을 유발하는 대상으로 여겨 불안해하고, 연이어 발생할 수 있는 불쾌감을 떨쳐내고자 하는 '그것'으로 기능했는지 모른다.

하지만 이런 방어기제의 역할은 지극히 제한적이었

다. 어린 시절 수치스러운 그 기억으로부터 자신을 지켜준 그것(es)은 결국은 오랫동안 묵은 마음속 상처를 말끔하게 치유하지 못했다. 오히려 그 마음의 상처를 수십 년 동안 방치하도록 만든 주범이 된 것이다. 다행히 지속적인 상담을 통해서 그 내담자는 그동안 무의식적으로 자신의 부모님으로부터도 자신이 얼마나 깊은 불안을 경험했는지 깨달았다.

내담자는 자신도 모르게 20년 가까이 자신의 내면 안에 꽁꽁 숨겨놓았던 끔찍한 불안과 수치를 처음으로 꺼내놓았다. 그렇게 은밀하게 숨겨져 있던 기억을 하나씩 끄집어내며 그때 느꼈던 감정을 상담사로부터 공감받게 되었다. 그리고 어느 날 이 여성은 갑자기 눈물을 쏟아내기 시작했다. 울어도 괜찮다고 하는 상담사 앞에서, 그녀의 눈물은 그칠 줄 몰랐다.

그리고 나서 그다음 상담 때 어떤 일이 일어났을까? 내담자는 거의 20년 만에 예쁜 치마를 입고 상담에 나왔다. 굳이 바지를 입어야만 지켜낼 수 있을 것이라고 굳게 믿었던 어린 시절의 기억을 방어해야 할 이유가 없어졌기

때문이리라. 이 내담자는 상담을 통해 스스로 마음속에 숨
겨두었던 오래된 상처를 치유하고 새로운 삶을 시작하게
되었다.

우리 안에는 방어 본능만 있는 게 아니다. 다양한
힐러 본능이 숨겨져 있다. 그저 불쾌감을 방출하는 소극적
본능뿐 아니라 스스로 자신을 치유하는 다양한 심리적 기
능이 존재한다는 점을 기억해야 한다. 우리 마음속에는 수
비수만 있는 것이 아니다. 강력한 스트라이커, 공격수도
있다.

나는 상처받은 우리 자신을 스스로 치유하는, 마치
본능과도 같은 그 놀라운 힘들을 살펴보려 한다. 자신의
고통과 함께 그것을 치유하는 방법까지 내어준 내담자들
에게 배운 지혜이며, 프로이트에게 에른스트 브뤼케가 그
랬던 것처럼, 내가 학문의 길에서 만난 여러 스승들이 전
해준 소중한 개념과 원리다. 이 보석들을 하나씩 꺼내보려
한다.

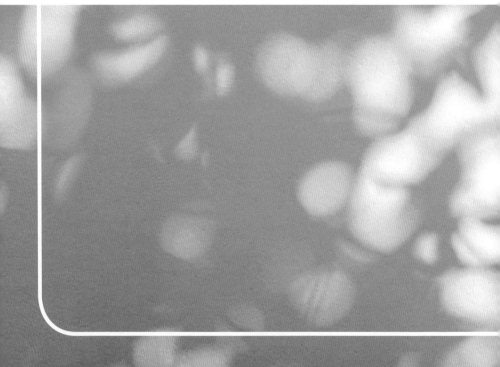

holding

01

'안아줌'
그리고 '뜨거운 안아줌'

어떤 환상에 관하여

대학원 학생들과 함께 소문난 맛집에 갔다. 꽤 긴 시간을
기다린 끝에 드디어 명성이 자자한 음식이 테이블 위에 차
려졌다. 그 순간 모두가 벌떡 일어섰다. 최대한 멋진 구도
에서 사진을 찍기 위해서다. 마치 유명인사가 기자회견장
에 들어서는 순간 기자들이 카메라 셔터를 눌러대는 풍경
같았다. 갑자기 그 음식이 엄청 대단해 보인다. 웬만한 사
람은 어디에를 가도 이런 대접을 받기 어렵다. 언제부터
음식이 이런 융숭한 대접을 받았을까 궁금해졌다.

　　맛있는 음식을 먹으면 누구나 행복해진다. 문제는
그 행복감이 여덟 시간을 넘기기 어렵다는 점이다. 금방
배고파지고 다시 적당한 요깃거리를 찾아야 한다. 그래서

그 아쉬움을 달래려 사진이나마 남겨야 한다. 그게 내게 잠시 행복감을 주었던 음식에 대한 예의다. 사람들은 우리에게 아주 짧은 시간 행복감을 선사한 음식을 소울 푸드 혹은 힐링 푸드라고 부른다. 이른바 '먹방(먹는 모습을 보여주는 방송)'뿐 아니라 수없이 많은 방송 프로그램 제작자들은 맛있는 음식을 보는 것만으로도 사람들은 힐링이 된다고 믿고 있는 듯하다.

여러 해 전 탈북 중학생들과 함께 진로상담 프로그램을 진행한 적이 있다. 행사를 마친 후 아이들과 근처 뷔페 식당에 갔다. 그다지 종류가 많지 않은 약식 뷔페인데도 아이들의 만족감은 하늘을 찔렀다. 나도 덩달아 신이 나 여기 음식이 바닥날 때까지 먹어도 좋다고 너스레를 떨었다. 아이들은 심지어 뜨거운 음식을 입에 몰아넣기 시작했다. 역시 프로그램의 백미는 사후 회식이라는 진리가 가슴에 와닿았다.

그렇게 꽤 오랜 시간이 흘렀는데, 몇 명의 학생이 화장실을 계속 들락거렸다. 난 벼락치기로 음식을 몰아넣은 탓에 아이들이 배탈이라도 나서 그런 줄 알았다. 그런데 그중 몇 아이가 지금 음식 '밀어내기 공격' 중이라고 농담을 했다. 무슨 말인지 몰라 의아해하던 내게 그 자리에 함께한 탈북 대안학교 교사 한 분이 이런 말을 했다. 탈북하는 과정 중 굶기를 밥 먹듯이 한 아이들은 좋은 음식을 마음껏 먹을 기회가 찾아오면 거의 강박증 환자처럼 군다는 것이다. 최대한 많은 음식을 섭취하려고 심한 아이들은 일부러 구토까지 한다고 했다.

나는 갑자기 가슴이 먹먹해졌다. 회식을 마치고 난 후 나는 식당 밖에서 아이들 한 명 한 명을 꼭 안아주었다. 음식이 바닥날 때까지 먹으라고 한 것을 후회하면서. 식당을 떠날 때 아이들이 최고의 음식이었다고 말하는데, 내 마음에는 뜨거운 눈물이 흘렀다. 정작 음식은 이들을 절대로 온전히 치유할 수 없겠다는 생각이 가슴에 맺히는 순간이었다.

때때로 우리는 힐링 푸드라는 것이 있다고 믿는 것 같다. 내가 정성껏 탈북 청소년들을 대접했던 음식이 그들을 아주 잠시라도 치유했다고 주장한다면, 과연 말이 되는 걸까? 나는 음식이 주는 즐거움이 끝이 나더라도 우리를 보다 안전하게 그리고 지속적으로 치유할 수 있는 방법을 찾아야 했다.

완벽한 산파

나는 대학에서 심리상담사를 교육하고 임상 훈련을 통해 그들을 지도 감독하는 일을 한다. 심리상담사 하면 어떤 이미지가 먼저 떠오르는가. 전통적으로 상담 연구자들은 심리상담사를 산파(産婆)에 비유하고는 했다. 요즘에는 산 파라는 말을 모르는 사람도 많은데, 영어로는 미드와이프 (midwife)라 한다. 어원을 살펴보면, 접두어 미드(mid)는 '함 께(with)'라는 뜻이고, 와이프(wife)는 여성이라는 뜻이다. 그런데 여기서 와이프란 출산하는 산모를 지칭한다. 그래 서 산모의 출산 과정에서 아이를 받고 산모를 도와주며 '함 께하는' 여성이 바로 산파다. 외국에는 산파학이라는 학문 분야가 있고, 관련해 전문 학위도 있다. 이 학위를 취득한 후 소위 조산 간호 서비스를 제공하는 전문가도 존재한다.
　국내에는 의사나 간호사 이외에 병원에 상주하는 전

문 산파는 존재하지 않는다. 그렇지만 예전에 의료시설 이용이 여의치 않았을 때, 산파가 가정에서 출산하는 산모의 분만을 도왔다. 산파는 산모가 산통을 겪는 동안 깊은 호흡을 함께 하면서 분만을 돕는다. 산파는 산통 중에 있는 산모가 지치지 않도록 심리적으로 지원하는 일뿐 아니라, 가장 결정적인 순간에 힘을 줄 수 있도록 지탱해주는 역할을 한다.

예전엔 산모가 산파 없이 아이를 낳는 일은 생각할 수 없을 정도로, 산파를 중요하게 여겼다. 지금은 다행히 모든 산모의 남편이 분만실에 들어갈 수 있고, 산파의 역할을 할 수 있다. 하지만 내가 아빠가 되었던 25년 전만 해도 국내 분만실은 가족의 입실을 허용하지 않았다.

나는 미국 유학 시절 아내가 출산을 했기에, 분만실에 들어갈 수 있었다. 미국 문화에서는 아빠가 분만실에 들어가는 일이 필수 조건처럼 되어 있었다. 아이가 태어나면 아빠에게 탯줄을 자르도록 하는 전통이 있었다. 아마도 바깥세상으로의 첫출발을 아빠의 손을 통해 시작하도록 한다는 의미일지 모르겠다.

첫아이를 출산할 때의 일이다. 분만실에 들어선 나를 향해 아내가 긴밀히 부탁하는 말이 있었다. 분만하는 동안 자기 손을 꼭 잡고 있으라는 것이다. 아내는 장모님에게는 왼손을, 내게는 오른손을 꼭 잡고 있어달라 했다.

드디어 진통이 시작되었다. 아내가 내 손을 점점 더 꼭 쥐기 시작했다. 그리고 어느덧 나의 왼손이 저려왔다. 가만 보니 내가 결혼반지를 그대로 낀 채로 아내의 오른손을 부여 쥐고 있었다. 반지 탓인지 손가락이 너무 저리고 아팠다. 도저히 아픔을 참을 수가 없어서 살짝 반지를 빼려고 손을 빼려는데, 아내의 외마디 외침이 들렸다. "빼지마!" 나는 도로 손을 꼭 잡고서 아내를 따라 외쳤다. "걱정마! 절대 안 빼!"

아내의 긴 진통이 이어졌다. 나의 왼손은 저리다 못해 이제는 온몸이 마비되는 것 같았다. 결국 유도분만 끝에 첫딸을 순산했고, 함께 고생한 간호사들도 하나같이 좋아하면서 축하해주었다. 그중 수간호사처럼 보이는 여성이 내게 다가왔다. 그녀는 눈물까지 글썽이는 듯하더니 갑자기 나를 꼭 껴안았다. 그러고는 내게 이렇게 속삭였다. "내가 지난 20여 년 동안 분만을 지켜봤지만, 당신처럼 완벽하게 산파 역할을 하는 남편은 처음입니다." 난 무슨 뜻인지 몰라 어안이 벙벙했다. 간호사는 친절하게 설명을 이어갔다. 내가 아내의 손을 꼭 잡고 아내의 산통을 똑같이 느끼며 아파하는 모습을 보았노라고. 아마도 그 간호사는 반지로 인해 괴로워하는 나의 모습을 보았나 보다. 그저 고맙다고 해야 할지 그게 아니라고 해야 할지 잠시 난감했다.

결국 상담사의 역할도 이런 것이 아닐까 싶다. 내담자가 힘들게 삶의 위기를 헤쳐 나가려 몸부림칠 때 곁에서 끝까지 손잡아주면서 힘을 불어넣어주는 것. 그래서 상담사를 산파에 비유했는지도 모르겠다.

먹이는 것보다 먼저 할 일

어머니의 산통에 비길 바는 아니겠지만 우리 모두는 엄청난 공포를 느낀 경험이 있다. 언제였을까? 바로 생후 직후다. 태어난 순간 우리는 어떤 느낌이었을까. 갓난아이가 세상과 만나는 그 첫 순간의 기분을 한번 상상해보자.

보통 아이는 생후 직후 울음을 터뜨린다. 그 아이는 슬퍼서 우는 걸까? 분명 태어난 사실이 슬프다고 우는 것은 아닐 텐데, 그렇다면 울음의 의미는 무엇일까? 어떤 이는 장차 느낄 고통을 예견한 울음일 수도 있다고 해석한다. 너무 철학적인 해석이다. 그런데 아이에게 직접 물어볼 수가 없으니 정확하게는 알 수가 없다.

다만 추측컨대, 갓난아이가 태어나 첫 번째 느끼는 감정은 공포에 가까운 불안이 아닐까? 이유는 단순하다. 아이가 아주 극단적인 환경의 변화를 경험하고 있기 때문이다. 일단은 엄마 배 속에서 하던 수중호흡과는 굉장히 다른 공기 중 호흡에 적응해야 한다. 아이가 응애 하고 울음을 터뜨리는 것은 호흡을 위해서도 매우 중요하다고 한다.

갓난아이는 울음을 통해 새로운 호흡에 적응하고 스스로를 가다듬는 중인지 모른다. 아이가 울음을 터트리지 않으면, 산부인과 의사가 엉덩이를 찰싹 때리는 것도 그런 이유 때문이다. 빨리 호흡에 적응하라고.

그런데 대부분의 갓난아이가 이러한 불안을 느끼는

순간은 아주 짧다. 그 이유는 출생 직후 바로 누군가에게 안기기 때문이다. 그렇다. 생후 몇 분 안에 아이는 산모의 품에 안긴다. 산모와 아이는 한 몸처럼 세상에서의 첫 번째 경험을 공유한다. 정신분석학자들은 이 시기에 아이가 자신을 안고 있는 엄마와 자신을 도저히 둘로 구분할 수 없는 '자타미분화(自他未分化)'의 시기가 시작된다고 설명한다.

다소 철학 용어 같기도 한 '자타미분화'란 아이 입장에서 보면 아이가 엄마를 자신의 존재와 별개로 분리된 타인이라고 인식하는 일이 거의 불가능하다는 뜻이다. 그렇게 인식할 수밖에 없는 이유는 간단하다. 아이를 한 몸처럼 꼭 품어주는 엄마의 안아줌(holding)이 있기 때문이다.

영국의 소아과 의사이자 정신분석가인 도널드 위니콧(Donald W. Winnicott, 1897~1971)은 막 태어난 아이에게 가장 중요한 일에 대해 언급한 적이 있다. 출산 경험이 있는 분이라면 당연히 젖을 물리는 일이라고 답할 것이다. 꼭 출산 경험이 없더라도 아이에게 젖을 먹이는 일(feeding)이 무엇보다 중요하다는 것은 삼척동자도 아는 진리다.

그런데 위니콧은 다소 다른 주장을 폈다. 젖을 먹이

는 일보다 훨씬 더 중요한 것이 있다고 강조한다. 그건 다름 아닌 안아주기라는 것이다. 왜 그럴까? 새로운 세상에 나와서 극도의 불안과 공포에 빠진 아이에게 평안함을 줄 수 있는 최초의 방법은 엄마의 안아주기였다. 갓난아이 모두가 사실은 엄마 품에 안길 수 있었기 때문에 그 엄청난 공포와 불안에서 빠져나와서 마음에 평안을 찾는 일이 가능했던 것이다.

그러므로 우리 모두는 태어나는 순간 극도의 공포와 마주하지만 또 그 순간 그것을 이겨내는 극적인 힐링을 경험하는 것이다. 우리가 풀어내야 할 첫 번째 힐링의 비밀은 홀딩(holding), 즉 안아주기다. 이는 우리 모두가 태어난 직후 처음 만난 대상인 어머니의 안아줌에서 경험한 힐링의 조건이다. 우리가 기억하지 못할지언정 먼 옛날 갓 태어난 우리를 처음 안아주던 대상과의 경험이 우리를 최초의 불안과 공포로부터 구출해준 것이다.

이 홀딩의 경험은 그저 신체적인 경험만은 아니다. 갓난아이의 마음으로 돌아가서 한번 느껴보자. 엄마의 품에 안겨 있는 아이는 어떤 느낌일까. 엄마와 한 몸인 일심동체의 느낌이 아닐까. 역시 아이에게 직접 물어볼 수 없어서 정확하게 가늠하기는 어렵지만, 아이는 엄마의 품에서 최고의 안정감과 평안함을 느끼고 있을 것이다.

심지어 정신분석학 연구자들은 갓난아이는 이 안김을 통해 자기 자신을 전능자로 느낄 것이라고 해석한다. 아이가 원하는 것이 모두 다 엄마를 통해 즉시 해결하는 때이기에 마치 자신이 전능하다고 느낄 수 있으리라고 다소 과장된 해석을 붙인 것이다.

여전히 아이가 전능감(feeling of omnipotence)을 느낀다는 이런 해석이 어색하게 들리는 이도 있을 것이다. 전능감은 주로 종교에서 신(神)에게 붙이는 말이다. 그런데 아직 몸도 제대로 못 가누는 갓난아이가 전능감을 느낀다니, 당치 않은 해석처럼 느낄 수 있다. 어쩌면 아이가 느끼는 건 무력감이지 않느냐고 되묻는 사람도 있을 수 있다.

　다시 갓난아이의 입장에서 느껴보자. 생후 직후 아이는 미래에 대해 대단한 꿈과 소망을 가지고 있지 않다. 갓난아이가 원하는 바는 주로 생리적 욕구이다. 프로이트는 아이들의 모든 욕구가 입에 몰려 있다고 해서 이 시기를 '구강기(oral stage)'라고 불렀다. 갓 아이를 출산한 산모의 지상 최대 목표도 아이에게 젖을 먹이는 일이다. 일단 젖만 충분히 먹여주면 아이의 욕구는 절반 이상 충족된다.

　학자들이 추상적으로 언급하는 '유아기 전능감'이란 사실은 극도의 힐링 경험이다. 이것은 아이가 신을 알든 모르든, 자신이 생각만 하면 저절로 다 이루어지는 느낌, 극도의 충족감을 경험한다고 보면 된다. 배부르다고 고개를 저으면, 바로 젖 먹이는 일은 중단된다. 더부룩한 듯한 표정을 하면 바로 등을 쓰담쓰담 해주는 안마 서비스가 시작된다. 졸음이 몰려오면 갑자기 산들바람이 불어오면서 잠을 이루기에 최적의 환경이 조성된다. 다 엄마의 덕이지만, 아이는 이것이 자신의 몸에서 저절로 이루어지는 일이라 여길 수 있다. 이 정도면 신의 경지라 느낄 만하다.

아이가 자신을 마치 전능자처럼 느낄 정도로 쾌감과 만족감을 느끼는 이 유아기의 힐링 경험이 오래오래 유지된다면 참으로 좋을 텐데, 인간은 인간일 뿐, 엄마의 헌신과 노고로 신의 경지를 오랫동안 유지하겠다는 건 애초부터 무리다.

요즘 아이를 출산하면 많은 산모가 산후조리원에서 몸조리를 한다. 이때 엄마와 아이를 따로 돌보는 경우가 다반사다. 이런 상황에서 아이의 힐링 경험은 훨씬 빨리 끝난다. 아이가 눈을 떴을 때 자신을 꼭 안고 있었던 엄마와 분리된 자신을 발견하면 '유아기 전능감'은 한순간 거품처럼 사라진다.

대부분의 학자는 갓난아이가 자타미분화를 경험하면서 전능감을 느낄 수 있는 시기는 대개 한 달 안에 끝난다고 본다. 한 달 정도만 지나도 엄마가 아이를 한 몸처럼 안고 지내는 때가 지나가버린 것이다.

이제 엄마의 홀딩에서 벗어나 나 홀로 있는 시간이 시작된다. 그나마 아이가 잠이 든 사이 엄마가 바깥 볼일을 보고 아이가 깨기 전에 다시 품을 수 있다면 전능감은 유지될 수 있다. 하지만 엄마가 언제까지고 그렇게 할 수는 없는 일이다.

　다시 자타미분화의 단계에 있던 아이의 입장으로 돌아가보자. 산후조리원의 기본 철학은 아이가 잠들면 바로 엄마의 휴식을 위해 아이를 떼어놓는 것이다. 아이가 산후조리원에서 엄마 없이 눈을 떴을 때를 상상해보라. 일단 자신의 몸의 변화를 경험할 것이다. 엄마가 빠져나간 몸은 가차 없이 줄어들어 왠지 허전하다. 입에 무언가 물려 있는데, 이전과는 다른 맛이다. 울고불고 난리를 쳐도 한동안 아이의 몸은 예전 상태로 회복되지 않는다. 공포감에 아이는 거친 울음을 터뜨릴 것이다.

　산후조리원의 스태프가 다가와 아이를 번쩍 안고 산모의 젖을 물리기 위해 이동하는 순간 아이는 어떤 느낌일까? 정신분석 연구자들은 자타미분화의 시기를 지나 이렇게 엄마와 처음으로 분리된 다음에 홀로 남겨진 아이 자신의 느낌에 대해 해석하기 시작했다. 한 연구자는 이때 아이가 경험하는 공포감과 혼란감을 정신분열(schizophrenia)의 상태라고까지 언급하기도 했다.

정신분석 연구자들은 이 땅에 태어난 모든 아이가 예외 없이 유아 초기 거의 이런 심각한 정신분열 증상을 경험한다고 주장한다. 그런데 이렇게 유아기 때 경험한 정신분열의 상태가 대개의 경우 영구적인 상태가 되지 않은 이유는 무엇일까? 그 시간이 아주 짧기 때문이다. 아이는 산모와 바로 다시 만날 수 있다.

산후조리원 신생아실에서 잠을 깨어 기절하기 일보 직전까지 울어대던 아이를 급하게 엄마에게 데리고 왔다. 깜짝 놀란 엄마가 제일 먼저 하는 일이 무엇일까? 산모는 일단 아이를 품에 꼭 안는다. 그렇다. 홀딩이 먼저다. 온 힘을 다해 울고 있는 아이와 엄마는 다시 한 몸이 된다. 그러고 나서 젖을 먹인다. 엄마의 품에서 홀딩을 경험한 아이는 이제 급하게 엄마의 젖가슴을 파고들 것이다. 위니콧의 언급처럼 안아주는 일이 젖을 먹이는 일보다 먼저라는 점을 기억해야 한다.

그런데 정신분석 연구자들은 다시 엄마 품에 돌아온 아이가 젖을 물 때 처음에는 극도의 공격 반응을 보인다는 점에 주목했다. 갑자기 아이는 엄마의 유두 부분을 거칠게

깨무는 공격을 서슴지 않는다. 마치 자신을 홀로 버려둔 엄마를 나무라는 것처럼, 혹은 적수를 만난 성난 사람처럼 공격한다. 엄마의 입장에서는 예기치 않은 공격이다.

놀란 엄마가 보이는 반응은 어떨까? 대부분의 엄마는 아픈 것도 모르고 아이에게 젖을 물린다. 아이의 공격에 맞대응하고 응징하는 엄마는 없다. 엄마의 홀딩은 그대로 유지된다. 아픔을 속으로 참아내고 연신 "미안해, 우리 아가. 배고팠지? 미안해!" 사과하면서 엄마의 홀딩은 계속된다. "아가야, 네가 아무리 날 공격해도 난 널 공격하지 않아!" 이것이 안아주기의 핵심 포인트다.

'충분히 좋은'의 전제조건

아이가 홀딩하는 엄마에게 계속해서 공격하는 경우는 없다. 홀딩이 유지될 때 아이는 다시금 엄마의 품에 꼭 안겨서 젖 먹기를 재개한다. 위니콧은 이런 엄마를 '충분히 좋은 엄마(good enough mother)'라고 이름 붙였다. 왜 '충분히 좋은' 것일까?

엄마가 자의는 아니었지만 아이에게 어쨌든 극도의 혼란감을 주고 말았다. 제3의 관찰자의 눈으로 본다면, 엄마가 아이와 잠시 분리를 시도하는 바람에, 그리고 엄마가 아이가 깨기 전에 돌아오지 못하는 바람에 그런 사달이 생겼으니 아주 완벽한 엄마는 아닐 수 있다. 그렇다손 치더라도, 아이의 갑작스런 공격에 맞서지 않고, 여전히 홀딩을 포기하지 않는 엄마가 바로 '충분히 좋은 엄마'다.

홀딩을 제대로 실천할 줄 아는 엄마, 그게 바로 충분히 좋은 엄마다. 물론 정신분석학자들은 마음이 건강한 아이를 만들기 위해 꼭 엄마만 이런 역할을 해야 한다고 주장하지 않는다. 여기에는 유아기 초기에 중요한 대상 모두, 엄마나 아빠, 그리고 조부모도 포함될 수 있다.

아이가 만나는 여러 초기 대상이 충분히 좋은 돌봄을 제공해주는 환경을 위니콧은 이렇게 이름 붙이기도 했다. 안아주는 환경(holding environment), 혹은 품어주는 환경이다. 우리 모두에게 안정감과 평안함을 선사했던 첫 번째 힐링 환경이다.

이 홀딩의 경험과 기억은 우리가 자라나면서도 계속

해서 중요한 역할을 한다. 그래서 교육학자들이나 사회복지학 연구자들은 이 위니콧의 안아주는 환경을 가정뿐 아니라 학교나 사회로 연장해서 해석하기도 한다.

　우리의 학교와 사회가 상호 공격이 난무하는 공간이 아니라, 충분히 좋은 돌봄이 있는 안아주는 환경이 되어야 한다는 의미일 것이다. 힐링이 필요한 사람에게 꼭 심리상담사 자격증이나 박사학위를 가진 전문 상담사가 필요한 건 아니다. 우리 모두가 태어날 때부터 온몸으로 경험했던 홀딩을 회복하는 것, 그런 환경이 되어주는 것이 곧 힐링의 시작이다.

　다시 스스로에게 되물어보자. 우리 주위에 힐링이 필요한 사람들, 아니 손 잡아주기나 안아주기를 간절히 원하는 사람들이 있는가. 그들을 떠올려보자. 그들에게 다가가 손을 내밀 수 있을까? 따뜻한 품이 필요한 이들에게 안아주기를 시작할 수 있을까? 결코 쉬운 일은 아니다.

　어쩌면 그들은 매우 공격적인 태도를 보일 수도 있다. 우리는 내심 그것을 두려워한다. 그래서 홀딩에는 맷집이 필요하다. 갓난아이에게 엄마가 '충분히 좋은' 홀딩을 할 수 있었던 이유는 아이의 공격을 견디고 인내했기 때문이라는 점을 기억해야 한다.

한 가지 더 기억할 것. 갓난아이가 엄마를 미워해서 공격한 게 아니라는 것이다. 마찬가지로 상대방이 우리를 미워해서 공격하는 것이 아니다. 그들은 지극히 불안한 상태일 뿐이다. 이제 그들의 손을 조용히 잡아주는 일이 가능할지도 모르겠다. 그때 우리는 힐러로 다시 태어나는 첫걸음을 내디딜 수 있을 것이다.

'안아주기'에 대한 환상

마지막으로 심리 상담사가 이 안아주기를 어떻게 활용하는지 상담 사례를 통해 한 걸음 더 들어가보자. 과잉 행동을 하고 때로는 친구들에게 위험한 행동을 일삼는 아이를 떠올려보라. 그럼 당연히 우리는 '저 아이는 너무 공격적인 아이야. 사회성이 부족하고 친구들에게 불만도 많은 것 같아'라고 판단할 것이다. 겉으로 드러난 공격적 행동만 보고, 그 아이의 내면 감정까지 부정적으로 평가하는 경우가 다반사다.

발달장애를 가진 초등학교 1학년생 만수가 있다. 장애 정도가 심하지 않아 부모는 이 아이를 특수학교가 아닌 일반학교에 진학시켰다. 그래도 만수의 행동이 조금은 범상치 않으니, 처음 만난 짝꿍은 만수가 탐탁스럽지 않았나 보다. 짝꿍은 약간의 자폐 증상이 있는 이 친구에게 친절하게 대할 마음이 없다. 책상에 선을 탁 긋고는 말했다. "야! 너 이 선 넘어오지 마!"

이제 만수는 오로지 그 선만 쳐다본다. 짝꿍의 지시를 따라 선을 넘지 않으려고 온갖 주의를 기울인다. 한편으로는 혹시 짝꿍도 선을 침범하는지 면밀하게 살핀다. 그런데 갑자기 짝꿍이 경고는 자신이 해놓고 그 선을 살짝 넘어오는 일이 생긴다. 그랬더니 마치 기다렸다는 듯이 만수는 뾰족한 연필로 짝꿍의 손등을 사정없이 내리찍었다.

마치 짝꿍을 응징하듯이 손등에 피가 날 정도로 연필로 찍어버린 장면, 상상이 되는가? 짝꿍은 비명을 지르고 교실은 아수라장이 됐을 것이다. "선생님! 쟤가 연필로 제 손등을 찍었어요." 선생님도 너무 기가 막힌다.

선생님이 다가가니, 만수는 계속해서 같은 말만 반복한다. "네가 선을 넘어왔어. 네가 선을 넘어왔어." 짝꿍은 어쩌면 별것 아닌 일에 그런 행태를 보인 만수를 이해할 수 없을 것이다. 다른 친구들 역시 만수를 무자비한 가해자로 바라볼 것이다. 선생님도 문제아라고 낙인찍지 않겠는가. 그렇다면 만수의 부모는 어떤 기분일까.

어느 부모라도 이런 사고가 발생하면 억장이 무너질 것이다. 만수의 엄마는 자신의 아이를 나무랄 수밖에 없다. "만수야! 너 어떻게 친구를 그렇게 공격할 수가 있어?" 엄마는 성화를 이어간다. "만수야, 너 그러면 네 친구들이 다 너 싫어해. 그러면 이 학교에 못 다녀."

잠자코 엄마의 꾸지람을 듣고 있던 만수가 갑자기 자신을 공격하기 시작한다. 벽에다 머리를 박고 급기야는 드러눕고 떼굴떼굴 구르다가 괴성을 지르며 바닥에 머리를 찧기도 한다. 겉모습만 보면 분명 이건 발작 상태다. 정신의학 용어로는 '분노 발작(temper tantrum)'이라고 이름 붙일 수 있는 행동이다.

그런데 이 공격적인 만수의 진짜 감정은 무엇일까?

이렇게 분노를 폭발하고 타인에게, 혹은 자신에게 공격적인 행동을 할 때 부모는 어떻게 행동해야 할까? 심리상담사는 제일 먼저 일차적으로 이런 행동을 막기 위한 방법으로 안아주기를 권고한다. 만수처럼 막 자해를 시도하면 공격 행동을 저지하기 위해서라도 그 아이를 꼭 껴안아주는 것밖에 다른 방법이 없다.

그런데 문제는 만수가 중고등학생이 되어서 힘이 천하장사처럼 강해지면 어떻게 할까? 어떨 때는 부모가 잘 안아줄 수도 없을 뿐만 아니라, 서로 완력을 쓰다가 부모와 아이가 모두 다치는 경우도 다반사다. 이때 기억해야 할 것은 홀딩이 그저 신체적인 행동만이 아니라는 점이다.

유두를 깨무는 갓난아이의 공격을 엄마는 위험하다고 느끼지 않는다. 아이에게 심리적 안정감을 주는 것이 급선무다. 그래서 엄마는 아이를 안는 것이지 위험한 행동을 누그러뜨리기 위해 껴안는 것이 아니다. 홀딩은 그런 목적이어야 한다. 그렇지 않은 홀딩은 그저 물리적인 행동에 불과하다.

발달장애가 있는 아동의 경우에는 외부 대상으로부

터 경험하는 불안감이 매우 높다. 매사에 굉장히 예민할 수밖에 없다. 선을 넘지 말라고 짝꿍이 이야기하는 순간 만수는 수업시간 내내 책상 위 선만 응시하고 있었다. 극도로 불안해하면서 말이다. 그런 심한 불안을 느끼다가 결국 짝꿍이 침범하자 불안은 공격성으로 폭발하고 말았다.

급기야 만수는 자신의 엄마에게까지도 꾸지람을 들었고, 점점 불안감이 고조된다. 안타깝게도 공격적 행동이나 분노 발작, 그리고 자해가 결국 만수 내면에 깊이 숨겨진 불안감에서 비롯된 것이란 것을 알아채는 사람이 많지 않다. 이때 만수에게 반드시 필요한 홀딩은 그저 위험한 행동을 제지하는 것만이 목적이 되어서는 안 된다.

공격성에 보복하지 않고 인내하면서 아이의 숨겨진 불안을 충분히 공감하는 안아주기가 필요하다. 일단 부모는 만수의 공격성을 무조건 나쁘다고 판단하지 말고, 몰아붙이지 않아야 한다. 오히려 야단치는 대신 불안한 만수의 속마음을 충분히 이해하고 안아주어야 한다.

"우리 아들 많이 불안했구나? 짝꿍이 그렇게 이야기했으니 얼마나 불안했을까? 수업 시간 내내 아마 불안했을

거야. 선을 넘는지 안 넘는지 보느라고. 그래서 그렇게 화가 났던 거야." 이렇게 공감하면서 꼭 안아줄 때 만수는 거짓말처럼 품에서 안정을 찾아간다.

그냥 무턱대고 손을 잡고 안아주기만 한다고 힐링이 시작되는 건 아니지 않은가. 안아주기는 상대방의 공격성에 놀라지 않고 공격적으로 맞대응하지 않는 것이 관건이다. 상대방이 안정감을 느낄 수 있도록 맞서지 말고 뚝심을 가지고 참아내야 한다. 그래서 쉽지 않다. 겉으로 보이는 행동 대신 상대방 내면의 불안이나 혼란감을 공감하는 것이 훨씬 더 중요하다. 그것이 바로 위니콧이 언급한 '충분히 좋은' 안아주기의 핵심이다.

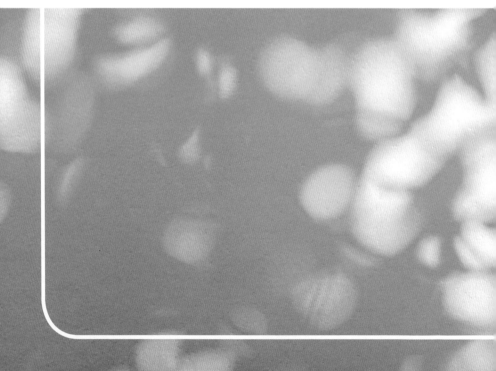

empathy

02

감정의 웅덩이
밑바닥까지 내려가는 법

감정의 유산소 운동

나에겐 유전적으로 혈압이 높을 수 있는 가족력이 있다. 선친과 친가 어른이 모두 고혈압으로 돌아가셨다. 의사들은 나 같은 사람들은 평소 심장이나 혈관 건강을 위해서 유산소 운동을 해야 한다고 권고한다.

유산소 운동을 많이 하면 들숨을 통해서 혈관에 평소보다 많은 산소가 공급된다. 자연스레 심박수가 높아진다. 누구나 들숨을 마시면 억지로 체내에 있도록 숨을 멈출 수는 없다. 운동 중 당연히 뱉어내야 한다. 그럼 날숨을 통해서 심박수가 저절로 낮아지고, 체내 혈액순환이 원활해진다. 이렇듯 호흡을 통한 산소 유입과 관련된 운동을 유산소 운동이라 부른다.

호흡으로 심박수가 자동 조절되는 체내 시스템을 자율신경계라고 한다. 유산소 운동은 이 자율신경계를 활성화하는 가장 좋은 방법이다. 학창 시절 생물 시간에 자율신경계는 교감신경과 부교감신경이 한 세트로 구성되어 있다고 배운 기억이 나지 않는가.

교감신경은 들숨을 통해서 심박수가 높아질 때 자동적으로 활성화되고, 부교감신경은 날숨을 쉴 때 심박수를 저절로 낮추는 역할을 한다. 이 교감신경과 부교감신경이 마치 시소처럼 길항 작용을 한다. 이런 들숨과 날숨의 길항 작용을 가장 자연스럽게 가동시킬 수 있는 것이 바로 유산소 운동의 강점이다.

유산소 운동을 많이 한 사람들은 조금 무거운 역기를 들어도, 그래서 혈압이 급상승해도 걱정이 없다. 이미 원활한 자율조절 기능이 탑재되어 있기 때문이다. 숨이 꽉 막힐 듯 빠른 달리기를 해도 마찬가지다. 혈압이나 심박수가 엄청나게 올라가더라도, 역기를 내려놓고 달리기를 멈추면 다시 자동적으로 떨어져서 조절이 된다. 자율신경계의 자동조절 기능이 잘 준비된 이들의 특징이다.

그런데 평소에 유산소 운동과 담을 쌓아온 고도비만 자라면 걱정이다. 이런 사람들은 갑자기 혈압이 오르면 위험하다. 저절로 혈압이 떨어지지 않기 때문이다. TV 드라마에서 뒷목 잡고 쓰러지는 회장님들을 본 적이 있지 않은가. 쓰러진 분들 중 심장에서 혈관 문제가 생기면 심장마비가 발생할 수 있고, 뇌에서 문제가 생기면 뇌졸중이 생길 수 있다.

우리의 정서도 마찬가지다. 우리가 흥분 상태가 되어 에너지가 올라가더라도 다시 제자리로 돌아오게 만드는 조절 능력이 필요하다. 정서 조절(affective regulation)이 가능하도록 돕는 것이 바로 공감(empathy)이다. 다시 말해 감정이 급상승했다가도, 누군가로부터 공감을 받으면 조절 기능이 가동된다. 공감은 우리 마음속 정서적 에너지가 급하게 상승했더라도 안전하게 하강하도록 돕는다.

'굳은 얼굴' 실험

아주 어린아이도 엄마와 이 정서 조질에 실패하면 뒷목을 잡고 쓰러질 수 있다. 아이들이 정서 조절을 처음 할 때 어떻게 해야 할지를 잘 보여주는 실험이 있다. 이름하여 '굳은 얼굴 실험(still face experiment)'이다. 아이와 눈을 마주치면서 엄마의 행동을 따라 하게 하는 실험이다. 어린아이를 아동용 의자에 앉히고 눈을 마주치면서 엄마랑 같이 여러 가지 옹알이로 소통을 시작한다고 가정해보라.

나는 이 실험을 '거울놀이 실험'이라고 부른다. 이유는 아이가 엄마를 거울처럼 그대로 따라 하면서 놀이를 하기 때문이다. 엄마가 웃으면 아이가 거울을 보는 것처럼 똑같이 따라 웃는다. 엄마가 특별한 손짓을 하면 그 손짓도 똑같이 따라 한다. 엄마가 쳐다보는 대로 똑같이 같은 곳을 응시한다.

표면적으로만 보면, 아이들이 엄마의 행동을 의미 없이 따라 하는 것처럼 보인다. 하지만 사실은 엄마와 아이는 서로 정서를 교류하는 중이라는 점을 기억해야 한다.

한참을 아이와 거울놀이를 하다가 엄마가 잠시 뒤를 돌아보았다가 아이를 향해 굳은 표정을 보여준다. 왜 굳은 표정을 하는 걸까? 굳은 표정으로 정서 교류를 멈추는 것이다. 이렇게 하면 일단 아이는 깜짝 놀랄 것이다. 아이는 마치 거울이 망가졌다고 느낄지 모르겠다. 그래서인지 아이는 눈앞에 거울을 원래 상태로 복구하려고 갖은 애를 쓴다. 조금 전처럼 엄마를 향해 까르르 웃기도 하고 엄마가 했던 손짓도 재현해본다.

그런데 엄마가 굳은 표정을 풀지 않는다. 그럼 아이는 어떻게 할까? 몇 번이고 이 거울을 다시 고쳐보려고 애를 쓰다가 그래도 실패하면 아이는 어떤 상태가 될까? 아이는 괴성을 지르기 시작한다. 얼마 안 되어 극도의 흥분 상태가 될 수 있다. 의학적으로 소위 과각성(hyper-arousal) 감정 상태가 되면 나중에는 의자를 통째로 흔들면서 흥분 상태로 발전한다. 이 정도가 되면 실험을 멈추는 것이 좋다. 안 그러면 아이가 갑자기 저각성(hypo-arousal) 상태로 떨어져 위험해질 수 있기 때문이다. 마치 혈압이 높아져서 뒷목을 잡고 쓰러지는 어른처럼 아이도 입에 거품을 물고 졸도할 수도 있다.

보통 굳은 얼굴 실험은 대개 아이가 적당한 흥분 상태에 올랐을 때 굳은 얼굴을 풀고 다시 아이를 향해 반응하도록 설계한다. 극도로 화가 나서 높은 의자를 마구 흔들어대던 아이가 엄마의 환한 표정을 마주하면 정말 거짓말처럼 순식간에 변한다. 엄마가 돌아왔다. 아니 나의 거울이 복구되었기 때문이다.

엄마가 웃으면 아이는 또다시 똑같이 따라 웃는다. 엄마가 손짓하면 아이도 다시 따라 손짓한다. 분노를 머리끝까지 장전했던 아이가 금세 정상으로 돌아온다. 이렇게 우리의 정서는 다른 사람의 정서와 함께 파도를 타면서, 흥분한 정서의 각성 수준이 갑자기 높게 올라가다가도 자동적으로 떨어질 수 있어야 한다.

이런 자동 조절에 실패하면, 분노 감정은 한없이 올라갔다가 천장을 뚫고 정상범주를 넘어가게 된다. 한편 우울한 정서는 바닥 끝 범주를 넘어 아예 지하 밑으로 가라앉아버리는 경우도 생긴다. 이러면 정서 조절이 실패한 것이다. 결국 굳은 얼굴 실험에서도 자신 앞에 있는 거울 같은 대상을 통해서 비추는 것은 서로의 행동이 아니라 서로의 느낌이었던 것이다.

만약 아이에게 엄마가 아이의 느낌을 잘 반영해주는

거울이면 아이는 정서 자동조절 기능을 자연스레 탑재하게 된다. 성나는 일이 생겨 감정이 하늘 끝까지 올라갈 일이 있어도 다시 내려올 수 있어야 한다. 혹시 땅 끝까지 내려갈 일이 있어도 다시 올라올 수 있어야 한다. 이런 정서 조절이 가능한 아이가 되는 데 가장 중요한 것이 바로 공감인 것이다.

우리가 어린 시절에 우리도 인지하지 못하는 사이 주위 사람들과 거울놀이를 참 많이 했다는 점을 기억하자. 그런 거울 같은 대상들과 자신의 감정을 많이 비춰볼 수 있었던 사람이라면 그 사람은 심리적으로 매우 안정적인 사람이 될 가능성이 높다. 마음이 건강한 아이로 성장하는 데는 부모의 역할이 절대적이다.

부모는 반드시 매사에 문제 해결이 아닌 공감으로 양육하는 태도를 견지해야 한다. 그럼 자녀는 나중에도 감정적인 동요를 스스로 조절하고 다른 사람들과도 건강하게 관계를 맺는 힘을 키우게 된다.

신체의 유산소 운동을 중요하게 생각하는 사람은 많지만, 마음의 유산소 운동을 중요하게 여기는 사람은 많지

않다. 자율적인 심박수 조절이 중요한 것처럼 공감을 통한
정서 조절 또한 매우 중요하다.

동감과 공감

우리는 '공감'이라는 말을 자주 사용하는데, 영어로는
'empathy'이다. 학창 시절 영어 공부를 좀 열심히 했던
독자라면 어쩌면 'sympathy'라는 단어가 좀더 익숙할지
도 모르겠다. 이 단어는 흔히 '동정심'이라 번역한다. 그런
데 보다 더 정확하게는 '동감' 혹은 '교감'이라고 번역할 수
있다.

공감과 동감은 다른 것인가? 우선 두 단어의 철자
차이를 살펴보자. 'empathy'와 'sympathy'의 경우, 앞
에 붙인 접두어, 'em-'과 'sym-'이 다르고, 뒤의 단어
'-pathy'는 똑같다. 이때 '-pathy'는 희랍어로 'pathos'
의 뜻이다. 여기서 바로 영어 단어 하나가 파생되는데 바
로 'passion'이다. 'passion'의 뜻을 물으면 제일 먼저
'열정'이라는 의미를 떠올릴 것이다. 그런데 이것의 본래

뜻은 '고통'이다.

'The Passion'이라고 하면, 예수그리스도의 수난을 의미한다. 그래서 영화 〈더 패션 오브 더 크라이스트 (The Passion of the Christ)〉는 그리스도의 열정이 아니라 그리스도의 수난을 다룬 영화이다.

고통 혹은 수난 앞에 한 단어는 'em-'이 붙고, 한 단어는 'sym-'이 붙어 있다. 무슨 차이일까? 좀 더 쉽게 설명하기 위해 비유를 들어본다.

웅덩이에 한 사람이 빠졌다. 이 사람은 어두운 웅덩이 안에서 고통을 경험하고 있다. 거기서 큰 소리로 도움을 요청했다. "사람 살려요! 사람 살려요! 저 좀 살려주세요!" 이때 지나가는 두 행인이 있다. 한 사람은 동정 혹은 동감(sympathy)하는 행인, 다른 한 사람은 공감(empathy)하는 행인이다. 먼저 동정심의 접두어 'sym-'은 그 의미가 '같다(same)'는 뜻이다. 고통 앞에 이 '같은'이라는 접두어가 붙으면 '같이 고통을 느낀다'는 의미가 될 것이다.

동정심을 가진 행인은 이렇게 반응할 것이다. "어떡해요! 웅덩이에 빠졌네요! 어떻게 하지?!" 웅덩이에 빠진 사람과 함께 고통을 느끼는 것이다. 상대방과 같은(same) 고통을 자신도 느낀다. 혹시 웅덩이 옆에 나무막대기나 밧줄 같은 것이 있다면 너무 다행이다. 그 행인이 이 웅덩이에 빠진 사람을 구해줄 수 있기 때문이다.

여기에 중요한 포인트가 있다. 행인이 웅덩이에 빠진 이에게 도움의 손길을 뻗치려고 할 때, 행인의 위치를 생각해보라. 행인은 웅덩이 위 자신의 자리에 그대로 있다. 도움을 받는 사람은 저 밑 아래에 위치해 있다. 그래서인지 이 경우 행인이 웅덩이에서 꺼내줄 경우 그에게 감사함을 표하기도 하지만 다소 괴리감이 들 수도 있다.

왠지 도움을 주는 사람은 저 위에 있는 시혜자, 자신은 수혜를 입는 아랫사람의 느낌이 들 수 있기 때문이다. 그래서인지 누군가에게 동정을 받는 느낌은 그리 유쾌하지 않다. 우리는 누군가가 동정심을 보일 때 약간은 불편함을 느끼기도 한다.

거기에 비해서 공감(empathy)하는 행인은 어떻게 행동할까? 접두어 'em-'은 '안에' 혹은 '안으로(in/into)'라는 뜻이다. 그럼 'empathy'는 '고통 안으로'라는 의미가 된다. 고통 안으로 들어간다는 의미라면, 공감은 그저 똑같이 고통을 느끼는 정도가 아니라 웅덩이에 직접 내려가서 상대방의 고통을 함께하는 것이다.

그 웅덩이에 내려가서 뭘 어떻게 할 수 있다는 말일까. 그저 내려간다는 의미이지 다른 뜻은 없다. 그렇다면 대책도 없이 웅덩이에는 왜 내려가는 걸까? 공감하는 행인의 접근은 문제 해결과는 거리가 있을 수 있다. 위에 있어야지 아래에 있는 이를 구해줄 방법도 찾을 수 있을 텐데, 무작정 내려가는 것은 터무니없어 보일 수 있다.

웅덩이 아래로 내려가는 행인이 할 수 있는 일이 있다면 고작 고통을 겪는 이와 함께 머무는 일이다. 그런데 이 '고작'을 무시할 일이 아니다. 아래에 내려가 고통 받는 그 사람과 부둥켜안고, 함께 붙들고 울어주는 것이 바로 공감이다.

여기서 앞서 다룬 안아주기가 다시 등장한다. 꼭 안아주기, 그리고 고통당한 이와 함께 웅덩이 바닥에서 우는 일이 공감이다. 그런데 웅덩이에 빠진 사람을 구해줄 수 있었는가라는 문제 해결의 측면에서 보면 공감은 참으로 무

기력한 접근처럼 보일 수 있다. 그래도 위에서 구출해주는 것이 더 낫지 않느냐고 의문을 가질 수도 있으리라. 하지만 우리의 삶에는 신속한 문제 해결보다 훨씬 중요한 일이 있을지 모른다.

수학 문제와 마음 문제

이 세상 부모에게 가장 이해하기 힘든 대상을 말해보라고 하면, 대부분 자신의 자녀라고 이야기할 것이다. 실제로 수많은 부모가 자녀와의 대화 중에 자녀의 감정에 공감하는 일이 가장 어렵다고 토로한다. 그 이유를 고민해본 적 있는가? 놀랍게도 자녀도 똑같은 이야기를 한다. 아무리 풍족하고 귀하게 자란 자녀라도 자신의 부모에게 충분히 공감을 받고 있다고 느끼는 경우는 많지 않다. 대체 왜 그럴까?

부모는 늘 문제해결의 관점에서 모든 걸 처리하려고 한다. 그것도 굉장히 단기적인 문제 해결 중심의 안목 때문에 공감을 못하는 경우가 부시기수다.

여기 중학생 자녀 효진이가 있다. 효진이가 시험 전
날 수학 문제가 잘 안 풀리나 보다. 방에서 짜증을 내는 소
리가 안방까지 들린다. 가만히 들어보니 효진이는 엉엉 울
기까지 한다. 내일이 시험인데 수학 공부가 꽤나 힘든 모양
이다. 여러분이 효진이의 부모라면 어떻게 하겠는가.

부모의 반응을 상상해보자. 부모는 문을 조용히 열
고 들어가 이렇게 말한다. "효진아, 너 왜 울어? 문제가 잘
안 풀리나 보다. 그런데 시험 전날에 그렇게 운다고 해결
이 되겠니? 잘 모르겠으면 그렇게 울지 말고 그냥 자!"

이런 반응은 동감도 없고 공감은 더더욱 없는 접근
이다. 이러면 효진이는 더 폭발할 수도 있다. 괴성을 지르
면서 자신의 머리를 잡아 뜯고 엉엉 울지도 모른다. 이때
부모의 태도는 지극히 문제 해결 중심이다. 우는 자녀에게
부모가 울지 말라고 말하는 이유는 간단하다. 운다고 해결
이 안 되는데 울 필요가 있느냐는 논리다. 이것은 제일 저
급한 수준의 반응이다.

이제 다른 부모를 만나보자. 동감하는 부모라면 어
떻게 반응할까? 이 부모는 동감의 어원의 의미처럼 자녀

의 고통을 같이 느끼는 부모다. 아마 이렇게 말할 것이다. "나도 알아, 너 수학 공부하기 정말 힘들지? 엄마도 너같이 수학 진짜 싫어했거든. 힘들겠지만 그래도 최선만 다하면 돼. 알았지?" 이 정도면 꽤 동감을 잘하는 부모다. 그렇다면 이번에 효진의 반응은 어떨까? "엄마는 잘 알지도 못하면서! 그냥 아무 말도 하지 마!" 이렇게 나오면 부모 입장에서는 갑자기 화가 치밀 만도 하다. '아니, 내가 기껏 동감해줬는데 왜 저러지?' 동감으로는 부족한 걸까?

그럼 공감하는 부모는 어떻게 다를까? 공감은 그저 부모 입장에서 '나도 알거든?' 하는 정도가 아니다. '나도 너랑 똑같이(same) 수학 무척 싫어했거든!' 이런 접근도 아니다. 제대로 공감하는 부모는 자신은 잘 모른다고 하는 태도를 취하는 편을 택한다.

"무슨 일이야? 우리 딸. 엄마한테 이야기 좀 해줄래? 수학 문제 푸는 것 때문에 그런 것 같기는 한데 무슨 일이야? 내가 몰라서 그러거든?" 이것이 바로 효진이의 감정의 웅덩이에 첫발을 내딛는 과정이다. 그럼 효진이가 대답한다. "몰라서 물어? 문제가 안 풀려서 그렇지! 지금 나

놀리는 거야, 시험 전날인데!" 제아무리 마음 수련이 잘되어 있는 부모라도 이 정도면 또 속이 뒤집힐 수 있다. 그래도 공감하려는 부모라면 어떤 자세를 취할까? 끈기를 가지고 자녀의 속상한 마음속으로(into) 들어가려는 시도를 멈추지 않아야 한다.

"아 그렇구나! 그래서 속상한 거구나. 혹시 다른 아이들도 다 못 푸는 그런 어려운 문제 아닐까?" 그럼 효진이가 또다시 소리를 바락 지를 수 있다. "아니거든! 다른 애들은 다 잘 푼단 말이야!"

그럼 또 어떻게 할까? 그래도 자녀의 고통스런 마음 안으로 더 들어가야 할까? 물론이다. 그래서 공감은 상대방의 마음 웅덩이 바닥까지 내려가는 일이라고 하지 않았던가.

"아 그래? 그럼 너만 못 푸는 것 같다면 우리 딸 정말 자존심 상하겠다. 어떡하지?" 지금 부모는 웅덩이 아래로 한 발 한 발 내려가는 중이다. 그랬더니 효진이는 이런 이야기를 쏟아놓는다. "특히 상미가 날 얼마나 무시하는지 알아?" 잠깐만, 여기서 상미가 누굴까? 상미는 바로 효진의 라이벌 친구다. 이 친구가 평소에 수학 점수로 효진이를 엄청 무시하는 모양이다. 오늘 공감을 택한 덕에 엄마는 친구 상미로부터 느끼는 열등감과 수치심까지도 털어놓는 효진이를 만날 수 있게 되었다. 이렇게 차근차근 상대방의 마음 바닥까지 내려가는 일이 바로 공감이다.

이 공감 이야기의 마지막 장면은 무엇일까? "우리 딸, 시험 전날인데 혼란스러워서 어떻게 하냐?" 그러자 효진이는 엄마 품으로 안기면서 울음을 터뜨린다. "엄마, 나 어떡해! 난 안 되는 것 같아! 너무 자존심 상해!" 어느새 효진이와 엄마는 부둥켜안고 함께 울기 시작한다.

울고 난 효진이는 이제 자신의 마음 웅덩이 가장 밑바닥에 엄마와 함께 머무는 일을 경험하게 된다. 효진이는 의외로 거뜬해진다. "엄마, 고마워. 이제 엄마 나가세요. 공부 조금만 더 하다 자려고요." 얼마 전까지 머리를 잡아뜯던 바로 그 아이다. 하지만 아이가 엄마로부터 자신의 좌절감, 열등감, 심지어는 수치심까지 차례로 충분히 공감받은 이후 일어난 자연스런 변화이다. 중학생 자녀에게도 역시 이런 부모의 공감을 통한 정서 조절 능력을 배양하는 일은 너무도 중요하다.

상담 고수의 실패

2006년 나는 교내 상담센터의 소장을 맡으면서 '찾아가는 상담'을 시작했다. 예를 들면, 발달장애를 가진 자녀를 둔 부모들은 심리 상담을 받고 싶어도 상담센터에 올 수가 없다. 자녀를 잠시라도 혼자 둘 수 없기 때문이다. 그래서 부모를 직접 찾아가는 상담 서비스를 시작한 것이다.

맞춤형 서비스를 제공하기 위해서는 우선 발달장애 자녀를 둔 부모들을 위한 파일럿 예비상담을 해보는 것이 중요했다. 이왕이면 여러 부모를 모셔서 집단상담을 하기로 했다. 발달장애아를 둔 부모 몇 분을 모으고 상담센터에서 가장 경력이 많은 전문 상담사 몇 명과 함께 집단상담을 진행했다. 집단상담을 이끌어줄 외부 전문가도 모셨다.

10회기 정도 집단상담을 마친 후 나는 참여한 부모들과 상담 경험에 대한 일대일 면담을 진행했다. 그런데 이상하게도 부모들의 반응이 긍정적이지 않아 보였다. 상담을 하는 동안 무엇이 제일 좋았냐고 물었더니, 별로 좋은 게 없었다는 부모도 있었다. 의외였다. 특히 한 부모는 너무나 힘이 들었다는 평가도 했다. 우리 상담센터에서 상담을 제일 잘한다는 고수들이 진행했는데, 왜 이런 평가가 나오는지 이해하기 힘들었다.

나는 조심스럽게 물었다. "혹시 함께 상담에 참여한 구성원들로부터 공감 받은 경험이 없었나 보지요?" 부모들의 반응은 약간 충격이었다. "우리와 같은 경험이 없는 분들은 무턱대고 무조건 '아 얼마나 힘드시냐'고 하는데 처음에는 좀 짜증이 나고, 나중에는 불쌍한 사람 취급을 받는 것 같아서 기분이 정말 나빴어요."

조금 더 구체적으로 물어보았더니, 그때서야 부모들은 숨은 감정을 드러내기 시작했다. "아니, 저희들의 경험을 잘 알아보지도 않고 무조건 힘들겠다고만 하면 얼마나 허탈한지 아세요? 뭐 좀 들어보고 이야기를 해야지 말이지. 진짜 내 안에 어떤 감정이 있는지를 사실 잘 모르잖아요?"

나는 그때 웅덩이에 빠진 사람 비유가 떠올랐다. 웅

덩이에 빠져 있는 자신들을 저 위에서 내려다보면서 참 힘들겠노라고 소리치는 사람들에 대한 불쾌감을 토로하는 것 같았다. 웅덩이에 빠진 사람들이 진짜 힘든 건 바로 주위에 아무도 자신의 마음을 이해해주는 사람이 없다는 사실이다.

부모들은 왜 기분 나쁘다고까지 말했을까? 아무도 마음의 밑바닥까지 내려와서 자신들과 머무르려고까지는 하지 않았기 때문이다. 상담 전문가들마저도 고통의 언덕 위에 머물면서, 결국 불쌍한 사람에게 던지는 동정 정도의 반응을 하는 데 그치고 말았던 것이다. 나는 그때 숙련된 상담사한테도 공감은 결코 쉬운 일이 아니라는 것을 절감했다.

인내가 필요하다. 웅덩이의 밑바닥에 무엇이 있는지 알기까지는 시간이 오래 걸리기 때문이다. 가장 가깝다는 가족이나 배우자도 나의 밑바닥 감정에 공감하지 못하는 때가 있다.

저 아래 깊은 곳까지

최근에 나는 가습기 살균제 피해를 입은 분들에게 심리상담을 제공하는 센터를 환경부로부터 위탁받아 운영하고 있다. 가습기 살균제 피해자 분을 상담하기 위해서는 직접 찾아가야 한다. 살균제 피해로 인해 호흡기 질환을 앓게 된 분들은 평소에도 외출이 자유롭지 않은데, 요즘같이 코비드19 같은 전염병이 있는 경우엔 더욱 집에서 나오기 힘들다.

가습기 살균제로 자녀를 잃은 유가족을 상담할 때의 일이다. 몇 해 전 아들을 잃은 엄마는 자신의 가장 큰 문제가 삼시 세끼 밥을 잘 먹지 못하는 것이라 했다. 나머지 가족을 위해서 이제 힘을 내야 할 텐데 밥을 넘기지 못하니 건강도 나빠진다고 했다. 상담사는 그런 내담자에 대한 주위 반응은 어떠냐고 물었다.

내담자는 주변 사람들이 모두 자신을 걱정한다고 했다. "너까지 죽으려고 하냐? 도대체 왜 그래?" 가족의 대체적인 반응이다. 친정어머니는 보약이리도 먹으라고 보채시고 남편은 이제 하늘나라에 간 아들을 마음으로부터 떠나 보내주자며 안타까워했다. 그녀를 아는 친지 모두 다 단식투쟁하는 것이 아니라면 밥 먹고 힘을 내라고 격려하고 있다고 했다.

상담사는 서서히 내담자의 마음의 웅덩이로 내려가는 일을 진행했다. 이 내담자에게는 또 다른 아이가 있는데 그 아이는 폐가 건강해서 천식 같은 게 전혀 없었다. 하지만 죽은 아이는 달랐다. 죽은 아이는 어려서부터 천식을 심하게 앓았다. 내담자는 가습기 살균제라는 제품을 발견하고 아들에게 꼭 필요한 것이라고 믿고 사용했다고 한다. 그녀는 이 살균제를 사다가 될수록 자주 아주 깨끗하게 가습기를 청소해서 예전보다 더 철저하게 아들 주변에 놓고 습도를 관리했다고 한다.

결국 자녀의 죽음을 재촉하는 독성물질을 맹신했다는 사실을 알았을 때 엄마의 마음은 어떠했을까? 상담 도중 내담자는 자신을 '자식 죽인 년'이라고 서슴없이 칭했다. 주변에 자신을 탓하는 사람은 단 한 사람도 없었다. 하지만 스스로는 세상사람 모두가 아들의 죽음을 다 부지런

한 자신 탓이라고 여기고 있을 거라고 믿고 있었다. 안타깝게도 이런 자신의 죄책감을 나눌 사람이 단 한 명도 없었다. 모두 네 잘못이 아니라고 위로하고 이젠 그만 잊어버리라는 사람들뿐이었다.

어느 새 상담사는 서서히 내담자의 마음 웅덩이 밑바닥까지 내려갔다. 아무도 없는 웅덩이 바닥에 홀로 웅크리고 있는 내담자가 보이는 듯했다. 그의 감정이 상담사의 마음까지 연결되는 느낌이 들었다. 갑자기 상담사의 입에서는 이런 말이 흘러나왔다. "그럼요. 어떻게 밥을 먹겠어요? 어떻게 밥을 넘길 수 있겠냐고요." 갑자기 상담사의 눈에는 눈물이 맺혔다. "살리려고 살균제를 넣은 건데 결국 아들을 죽인 꼴이 되었으니 어떻게 하냐고요? 무슨 낯짝으로 밥을 먹을 수 있겠어요?" 상담사의 눈에는 닭똥 같은 눈물이 뚝뚝 떨어져 내렸다.

상담사의 반응에 내담자는 약간 당황하는가 싶더니 이내 울음보가 터졌다. 내담자는 마치 몇 년을 울지 못한 듯 눈물을 다 쏟아내는 것 같았다. 두 사람은 한참을 함께 울었다. 얼마나 흘렀을까? 울음이 잦아들지 내담자는 상담사에게 이렇게 이야기했다. "선생님, 처음이에요. 내 마음을 알아주신 분을 처음으로 만난 것 같아요. 단 한 사람도 그렇게 이야기를 한 사람이 없었어요."

밥을 먹으라는 사람은 많았다. 하지만 남편도 심지어는 친정어머니도 내담자의 깊은 마음 안에 어떤 느낌이 있는지를 제대로 알아주지를 못했다. 내담자는 그동안 이 속마음을 누구와도 나누지 못하는 외로움이 참으로 컸었나 보다고 말했다. 내담자가 진짜 공감 받고 싶어 했던 느낌은 웅덩이 맨 아래에 숨겨져 있었는지도 모른다. 웅덩이 맨 아래 감정과 만날 때, 진정한 공감의 힘이 드러난다.

공감의 수수께끼

이쯤 되면 질문이 하나 생겨야 한다. 이 공감의 능력도 아주 어린 시절 우리가 체득한 것이고, 부모님과 옹알이 시절부터 연습한 것이라면 왜 그리 실천하기가 어려운 걸까? 성인이 된 지금까지도 우리 마음속에 정서적인 안정을 이루고 타인과의 관계 형성에 매우 중요한 것이 바로 공감이다. 어른이 된 다음에는, 그리고 공감을 직업적으로 실천한다는 상담 전문가도 제대로 공감을 하지 못하는 이유는 무엇일까?

그건 아무래도 빠른 문제 해결에 대한 조바심 때문인 듯하다. 신속한 문제 해결을 목표로 하면 공감은 요원해진다. 부모가 자녀와 공감을 잘 못하는 대표적인 이유이기도 하다.

부모의 입에서 나오는 이야기를 들어보면 늘 목표가 빠른 문제 해결이다. "운다고 뭐가 해결되니? 한 문제라도 더 풀어야 되지 않겠니?" "그래도 밥은 먹어야지? 너까지 잘못되면 큰애랑 아범은 어떻게 하라고 그러니?" 부모의 걱정 어린 충고는 늘 문제 해결을 목전에 두고 있다.

또 다른 원인은 공감보다 손쉬운 동감에 빠지기 쉽다는 것이다. 그런데 동감이 가진 특징은 자신이 상대방의 속마음을 다 알고 있다고 믿는 전제가 깔려 있다. "많이 힘들겠다. 나도 그래. 나도 수학 싫어하거든. 그래서 네 느낌 알 것 같아." 이렇게 아는 척하는 게 손쉬운 동감으로 이어지고, 공감 실패의 원인이 되는 것이다. 진정한 공감을 위해서는 우리가 미리 판단하지 않고 아주 천천히 상대방의 마음의 웅덩이에, 그 고통의 자리에 서서히 발을 디디려는 꾸준한 노력이 필요하다.

공감이란 단어도 힐링처럼 인기 수식어로 사용되고 있다. TV 채널에 각종 공감 프로그램이 넘치고, 공감 여행도 생기고, 기업은 공감 경영이나 공감 리더십을 내세운다. 자, 이제 공감에 이르는 또 하나의 열쇠를 찾아 나설 시간이다. 그 열쇠의 이름은 바로 다음 장에서 살펴볼 판단 중지(epoché)다.

e p o c h é

창과 방패의
귀걸이를 한 남자

공감과 판단 중지의 상관성

희랍어 에포케(epoché)는 판단을 일시 중지한다는 철학 용어인데, 우리가 힐링이라는 주제를 다룰 때 주목해야 할 개념이다. 이 에포케는 공감의 영역과 연결되어 있다. 문제 해결에 대한 의지로 가득 찬 부모, 혹은 답을 다 알고 있다고 생각하는 선생님이나 회사 상급자들은 성급히 판단부터 하는 경우가 많다.

공감은 애시당초 안중에 없으니 시작도 못 하고 실패하는 경우가 비일비재하다. 앞서 언급한 '굳은 얼굴 실험'을 떠올려보라. 엄마의 표정이 돌변하면 어린아이는 갑자기 벼락같이 화를 내고 흥분하기 시작한다. 아이 앞에서 의도적으로 굳은 얼굴을 풀지 않고 어떠한 감정도 조율해주지 않는 엄마 때문이다. 어린 시절 상대방이 공감의 거울이 되어주었다면 기분이 고조되었다 다시 내려오고 내려갔다가도 다시 올라오는 적절한 조절 능력을 갖춘다.

공감보다 문제 해결을 염두에 둔 엄마를 떠올려보라. 이제 초등학생이 된 아이가 화를 낼 때 부모들은 쉽게 이렇게 말할 수 있다. "어디 조그마한 게 화를 내고 그래! 버릇없이 무슨 짓이야!" 어린아이 시절에는 그나마 정서 조절에 도움을 주었던 부모도 아이가 조금만 크면 아이의 감정을 충분히 이해해주는 공감의 경험을 제공하지 못하는 경우가 많다.

아이가 막 화를 내고 짜증을 내는 것은 실은 아이의 분노가 엄마와의 거울놀이에서 실패했을 때 보이는 과각성 반응일 수 있다. 갑자기 화를 내는 학생이나 직장에서 갑자기 소리를 버럭 지르고 자리를 박차고 일어나는 팀원도 마찬가지다. 그런 행동만 보고는 분노조절장애라고 판단하겠지만, 모두 상대방과의 거울놀이에서 실패한 이후 조절 능력을 잃은 경우이다. 공감을 해주는 치유자가 없다면 갑자기 감정이 천장 끝까지 올라갔다가 다시 정상 수준으로 떨어지지를 못한다.

결국 우리가 상대방에게 잘 공감하지 못하는 이유도 습관적으로 문제 해결을 최종 목적으로 상대방을 대하기 때문이다. 더욱이 그 문제의 모범답안을 자신이 이미 가지고 있다고 확신하는 사람일수록 공감을 실천하기가 어려운 법이다.

(괄호 치기) 연습

부모가 문제 해결 추종자여서 공감을 잘 못한다고 지적했지만, 직장 상사도 이에 못지않다. 직장 상사도 이런 마음일 때가 많다. "야! 내가 널 몰라? 내가 이 회사에서 몇 년째인 줄 알아? 너 같은 사람 숱하게 봤거든. 난 네가 무슨 생각하는지 다 알고 있어!" 어쩌면 마음을 꿰뚫어보는 부모와 똑같은 자세다. "야! 내가 네 속을 모를 줄 알아? 내가 널 낳았어. 어디다 거짓말을 해!"

대체 나도 날 잘 모르겠는데, 어떻게 부모님이나 직장 상사는 내 마음을 그리도 잘 안다는 것일까. 그래서 부모나 직장 상사는 자녀의, 또는 팀원의 마음 바닥에까지 내려오기가 쉽지 않은 것인지 모른다. 이 공감을 제대로 구동시키려면 우선 에포케, 그러니까 판단 중지의 태도가 반드시 전제되어야 한다. 하지만 이것이 그렇게 쉽지가 않다.

상대방의 마음에 공감하기 위해서는 반드시 준비운동이 필요하다. 거친 운동을 하기 전에 간단한 체조나 조깅으로 몸을 풀 듯이 마음을 푸는 준비운동 말이다. 이와 관련해 에포케를 좀 더 자세히 알아보자.

현상학자 에드문트 후설(Edmund Hussurl, 1859~1938)은 판단 중지라는 뜻의 철학 용어 에포케(epoché)를 '괄호 치기(bracketing)'로 풀어 설명했다. 무슨 뜻일까?

우리는 과거로부터 축적해온 경험을 수없이 많이 가지고 있다. 이런 경험이 현재 우리 앞에 있는 사람이나 사물을 이해하는 데 도움을 줄 때도 있지만 때로는 방해를 할 때도 있다. 우리 마음속에 지우개가 있어서 과거 경험을 필요에 따라 지워버릴 수 있다면 참 좋겠지만 이는 불가능하다.

마음의 지우개가 없다면, 잠시라도 내 과거로부터 온 어떤 기억들, 지금 여기에서의 경험에 영향을 줄 것들을 잠시만 괄호 안에 묶어두면 어떨까? 그런 의미로 사용하는 용어가 바로 '괄호 치기'다. 판단 중지를 가능하게 만드는 마음 자세라고 보면 된다. 그래야 상대방을 이해하는 데 방해를 받지 않고 진정한 공감을 이룰 수 있다.

오래전 대학에서 학과장을 할 때의 일이다. 신과대학 신학과 새내기로 입학한 한 학생이 면담을 신청했다. 그런데 학과장실 문을 열고 들어선 남학생의 모습이 예사롭지 않았다.

지금은 그리 놀랄 만한 일이 아닐지 모르겠다. 하지만 지금으로부터 15년 전 머리를 금발로 물들인 남학생은 흔치 않았다. 게다가 그 학생은 양쪽 귀에 큰 귀걸이를 하고 있었다. 귀걸이를 한 남학생도 흔치 않았던 시절이다. 더구나 그 남학생의 귀걸이는 매우 특이했다. 흔히 보는 금속성의 귀걸이가 아니라 한쪽은 검정 구슬 같은 모양이고, 다른 한쪽은 창같이 생긴 모양이었다. 언뜻 보니 하나는 방패이고 다른 하나는 창인 것 같았다.

그 학생이 방으로 들어온 순간, 나는 속으로 적잖이 당황했다. 그리고 불현듯 이런 생각들이 떠올랐다. '이 학생은 신학과에 소신 지원한 것은 아니구나. 분명히 어떤 다른 생각을 가지고 들어왔을 텐데, 뭐지?' 한편으로 이런 생각도 들었다. '이 학생 입학하자마자 그만둔다고 그러는 거 아니야? 아니면 분명히 한 1~2년 다니다가 다른 과로 전과하려는 학생일 거야.'

학생을 쳐다보고 눈인사를 하고 의자에 앉으라고 권하는 10초가 될까 말까 한 짧은 시간 안에 나는 이런 생각까지 들었던 것 같다. '애는 분명히 끝까지 신학과를 졸업하지는 못할 거야!' 그 짧은 시간 동안 그 많은 생각이 스치는 것이 이상할 정도였다. 하지만 그 학생은 그때까지 내게 한마디도 하지 않았다. 들어와서 그저 자신의 노랑머리와 귀걸이를 보여주었을 뿐인데 난 벌써 학생의 대학 생활 전반의 견적을 모두 뽑아버린 셈이다.

의자에 앉은 학생에게 난 어떻게 왔냐고 물었다. 그랬더니 그 학생은 해맑은 표정으로 자신이 너무너무 행복하다는 말부터 꺼냈다. 자신은 두 번의 실패를 거쳐 가장 오고 싶었던 과에 들어왔다고 했다. 아주 어렸을 때부터 다른 사람의 이야기를 듣는 것을 좋아해서 상담사의 꿈을 꾸었고, 방송에서 내 강의를 접하고 꼭 나에게 배우고 싶었노라고 말을 이어갔다. 나는 갑자기 뒤통수를 크게 얻어맞은 느낌이었다.

도대체 난 그 짧은 시간 동안에, 어떻게 그리도 엉뚱한 판단을 하고 말았을까? 우리는 사람을 보자마자 거의 빛의 속도로 판단을 한다. 정작 이 학생은 내게 배우게 되었다는 기쁨과 행복에 겨워 내 앞에 앉았는데, 겉모습만으로 그런 오판을 펼친 나 자신이 한없이 부끄러워졌다. 뭐가 문제일까.

일단 나는 그 학생의 머리색에 대한 기억을 더듬어보았다. 갑자기 나의 고등학교 시절이 떠올랐다. 고등학교 1학년 때 한 친구가 학기 초에는 그렇지 않았는데, 어느 날부터 점점 머리색이 노랗게 변해갔다. 담임선생님에게 지적을 받기 시작했고, 급기야는 조회 시간에 친구들이 보는 앞에서 크게 혼이 나기도 했다.

그러던 어느 날, 그 친구는 선생님에게 굉장히 버릇

없이 소리를 지르더니 선생님을 밀치고 교실을 나가버렸다. 이 일이 있는 후로 나는 그 친구를 학교에서 보지 못했다. 나중에 자퇴했다는 이야기만 전해 들었다. 한참이 지나 나는 길거리에서 그 친구를 만났다. 자초지종을 물으니, 그 친구는 어차피 학교에 다니기 싫었는데 홧김에 때려치웠다고 아무렇지도 않게 대답했다. 궁금한 건 절대 못 참는 나는 질문 하나를 더 했다. "네 머리 색깔은 왜 그런 거니?" 그때 친구의 대답이 걸작이었다. 부모님이 생맥줏집을 하시는데, 몰래 창고에 가서 한 달 넘게 맥주로 머리를 감았더니 금발로 변했다는 것이다. 물론 그게 사실인지 아닌지는 확인이 불가능하다. 하지만 공부와 담을 쌓았던 내 친구의 노랑머리는 내 안에서 오랫동안 부정적인 이미지로 남아 있었나 보다. 그러니 수십 년이 지났는데도 새내기 대학생의 노랑머리를 보고 좋지 않은 인상부터 품었던 것이다.

그럼 귀걸이는 무엇일까? 남학생의 귀걸이를 떠올려보니 또다시 떠오르는 일이 있었다. 예전에 캘리포니아 버클리 지역에서 박사과정 공부 중일 때였다. 내가 살던

기숙사에서 학교를 가려면 텔레그라프(Telegraph)라는 거리를 지나가야만 했다. 그곳은 버클리 시가 양성애자를 공식적으로 인정한 행정구역으로 여러모로 자유분방함이 한껏 느껴지는 거리였다.

그 거리에서 화려한 여장을 한 남성을 보는 일은 그리 어렵지 않았다. 온몸에 문신을 하고 가끔 마약에 취해 있는 듯 보이는 사람도 많았다. 가끔 내게 달려들어 구걸하는 사람도 있었다. 밤에 어린 자녀와 그 거리를 지날 때면 두려움에 떨기도 했다. 그런데 그 시절 내가 그 거리에서 만났던 이들 대부분이 귀걸이를 하고 있었다. 더욱이그 귀걸이들 역시 금속성이 아니라, 검은색 아프리카 장신구 같은 것이 많았다.

학과장실에서 만난 그 남학생이 하고 있던 귀걸이가 그때 텔레그라프 거리에서 만났던 이들의 귀걸이와 매우 흡사해 보였다. 그 친구가 어떤 생각이나 의지를 가지고 사는지와는 전혀 상관없이 내 과거의 기억과 혐오의 경험이 그를 오해하게 만들었다. 편협한 경험이 지금의 나의 관계성 맺기에 적삲은 영향을 미치고 있었던 것이다.

나는 그 남학생이 머리를 왜 그렇게 노랗게 물들였는지 모른다. 어쩌면 건강상의 이유로 탈색이 된 것인지도 모른다. 그의 귀걸이도 그의 성적 지향과는 무관할 가능성이 높다. 귀걸이에 어떤 특별한 의미가 있는지 나는 모른다. 그런데 내가 그 학생을 보자마자 불량하거나 공부와 거리가 먼 사람으로 판단할 수밖에 없었던 것을 보면 결국은 선입견이 현재를 있는 그대로 바라보지 못하게 방해하고 있다고 볼 수밖에 없다.

상대방을 제대로 바라보고 공감하기 위해서는 전초적인 단계로 과거 경험을 잠시 괄호 안에 묶어두는 판단 중지가 무척이나 중요하다. 과거 경험을 괄호 안에 묶어두기 위한 마음 자세를 만들려면, 나 자신에게 먼저 말을 건네야 한다. '나는 결코 상대방에 대한 답을 가질 수가 없어.' 이런 마음의 자세를 나는 영어로 'I don't know mind-set'이라고 부른다. '나는 아무것도 몰라요'라는 마음 자세다.

대화 중에도 스스로 자꾸 되뇌어야 한다. 이 학생이 왜 왔는지 나는 모른다. 염색을 왜 했는지 모른다. 그런데도 나는 자꾸 과거 경험을 근거로 내 앞에 있는 상대를 모조리 알고 있다고 생각하고 있었다.

공감을 전혀 활용하지 못하는 사람은 주로 어떤 마음 자세일까? 'I know everything mind-set'. '내가 이미 다 알아! 난 못 속여!' 이런 마음 자세다. 자신의 공감 지수를 점검해보고 싶다면 자신이 상대를 만날 때 어떤 마음 자세인지 들여다보라. 자신이 공감을 잘 하지 못하는 대상이 있다면, 분명 'I know everything mind-set'으로 대하고 있을지 모른다. '난 네가 무슨 생각 하는지 다 알아! 날 속이려고 들지 마!' 혹시 이런 마음 자세는 아닌가. 결국 우리가 가장 공감하기 어려운 대상은 많은 선입견과 판단을 품고 있는 사람, 그리고 우리 자신일지 모른다.

코헛의 '대리통찰법'

정신분석학을 창시한 프로이트에게는 많은 제자가 몰려들었다. 정신분석적 심리 치료는 유럽은 물론 미국에까지 널리 소개되기 시작했다. 당시에 정신분석가나 정신의학과 의사들은 가장 분석하기 어렵고 치료가 되지 않는, 거의 구제불능의 대상이 있다고 믿었다. 대놓고 정신분석 불가 판정을 내린 대상은 바로 자기애적 신경증(narcissistic neurosis)을 가진 환자였다.

자기애, 영어로는 나르시시즘(narcissism)이다. 이 오묘한 말의 기원은 그리스 신화로 거슬러 올라간다. 자기애는 물에 비친 자신의 모습이 너무 아름답다고 여겨 스스로 반하여 물에 빠져들어 결국은 자기 이름과 같은 꽃, 나르키소스(수선화)가 되어버린 미소년 나르키소스의 일화에서 비롯된 정신분석학 용어이기도 하다.

누구에게나 자기 자신을 사랑하는 것은 반드시 필요한 일이다. 하지만 지나치면 나르키소스처럼 병적인 상태가 된다. 자신을 너무도 대단하고 특별하게 여기는 신경증이 바로 이 자기애적 신경증이다.

여러분 주위에도 혹시 이런 친구들이 있는가? 만나면 자기 이야기만 늘어놓고, 온통 자기 자랑만 일삼는 그들과 어떻게 지내는가? 한도 끝도 없는 자기 자랑에 마주하면 바로 피로감을 느끼지 않는가. 그래서 만남을 주저하고, 만나고 나면 기분이 그다지 상쾌하지 않아 다시는 만나고 싶지 않을 수도 있다. 이런 감정을 느끼는 것은 너무 당연하다.

그런데 정신분석가는 그러면 안 되지 않을까. 정신분석은 그래도 환자를 분석해서 신경증을 치료하는 게 목적인데 왜 이 자기애에 흠뻑 빠져버린 환자들에게 치료 불가 판정을 내린 것일까? 그저 우리처럼 만나면 피곤한 존재라 그렇게 피해버린 건 아닐 테고, 대체 왜 그랬을까?

정신분석의 원리에 따르면, 정신분석이 제대로 진행되려면 환자가 자기 안에 있는 내면 경험과 느낌을 바깥으로 꺼내놔야 한다. 분석가에게 분석이 가능하도록 환자 내면의 숨겨진 것들을 꺼내놓는 일을 전이(transference)라고 부른다. 전이가 진행되어야 분석도 가능하고 치료도 가능하다. 자연스럽게 분석가나 치료자를 대상으로 전이를 해야 한다. 그런데 이 자기애적 신경증 환자는 온통 자기 자신으로 꽉 차 있어서, 상대방에게 대상전이가 불가능하다고 판단한 것이다.

모든 정신분석가가 이런 자기애가 강한 사람을 부

정적으로 판단하고, 정신분석 불가 판정을 내린 것은 아니다. 다행히 분석과 치료가 불가능한 환자로 치부되었던 이 자기애적 신경증 환자들을 새롭게 이해하려고 노력한 정신분석가가 있었다. 그의 이름은 하인즈 코헛(Heinz Kohut, 1913~1981)이다.

코헛은 고전주의 정신분석이 자기애 증상을 너무 분석가 위주로 판단한 것이 아닌가 하는 의심을 하기 시작했다. 분석가의 눈으로 보면 순 자기밖에 모르는 환자로 보일 수밖에 없다. 분석 시간 내내 자기 자랑만 늘어놓으니 말이다. 이걸 '과대 자기(grandiose self)'라고 부른다. 자기를 지나치게 확대하여 내면이 온통 자기로 꽉 차 있는 상태를 말한다. 도무지 다른 사람이 들어갈 틈이 없다. 그러니 다른 사람에게로 전이를 일으킨다는 것은 애당초 불가능해 보인다. 결국 분석가 입장에서는 전이도 안 되는 구제불능 상태처럼 보일 수밖에 없다.

우리 주위에서 볼 수 있는 '자뻑증' 친구들의 증상도 비슷하지 않은가. 기승전 자기 자랑. 그래서 우리가 주로 '밥맛 없다'고 여기는 자기애가 강한 사람들을 이 고전주의 정신분석에서는 이렇게 생각하고는 했다. 자꾸 어린 시절, 어쩌면 갓난아이 때로 돌아가는 것이라고 보고, 이를 유아기적인 퇴행이라고 불렀다. 과거의 자기가 최고였던 시기로 퇴행하는 것이라 판단을 내린 분석가는 이렇게 현실인식을 시킬 수 있다. "정신 차려요! 당신이 무슨 갓난아이에요? 자기만 쳐다봐달라고 하게? 당신이 갓난아이면 모든 사람이 당신만 쳐다보겠지. 하지만 이제 당신은 아이가 아니에요? 제발 정신 좀 차려요. 당신 그렇게 대단하지 않거든요. 당신 그렇게 잘나지 않았어요." 그런데 이렇게 분석을 하면 점점 자기애 증상이 심해질 수 있다. 이런 고전적인 접근으로는 자기애가 점점 강해지기만 할 뿐 효과가 없었다.

고전주의적 접근이 도움을 주지 못한 이유가 무엇일까? 코헛은 겉으로 보이는 행동만 가지고 내면을 미리 판단한 때문이라고 결론 내렸다. 코헛은 정신분석가가 마치 환자 안으로 들어가서 이해하려고 하는 소위 대리통찰법(vicarious introspection)을 제시한다. 줄여서 내성(內省)의 방법이라는 이 새로운 시도는 환자의 마음 웅덩이의 가장 밑바닥까지 내려가서 살펴보는 방법이라고 할 수 있다.

코헛은 환자가 겉으로는 엄청 까칠해 보이고, 지나치게 잘난 척하고 또 잘난 듯 보이지만 환자 안에 들어가서 정작 그 환자의 내면 안에서 살펴보면 환자가 전혀 다른 감정을 느끼고 있다는 것을 고전주의 정신분석은 간과했다고 보았다. 그래서 이러한 탐색을 코헛은 '공감'이라고 이름 붙였던 것이다.

환자의 고통(pathos)의 자리에 직접 '안으로(in/into)' 들어가보자. 이런 과정이 바로 공감이라는 영어 단어의 어원이 가지고 있는 원리다. 공감이란 상대방의 마음의 웅덩이 안으로 서서히 들어가서 가장 밑바닥에 있는 감정과 만나는 일이라 수차례 강조했다.

코헛은 바로 이 자기애 환자들의 내면 안에는 실제로는 겉으로 보는 행동과는 정반대의 감정이 도사리고 있다는 점을 발견하게 된다. 겉으로 보이는 것과는 달리 자신을 그렇게 대단하게 여기지 않는 감정이다. 오히려 매우 부끄럽게 여기고 참담하게 느끼는 수치심이 숨겨져 있다는 것을 알게 된다.

가슴 깊은 곳에 숨겨져 있는 진짜 느낌을 공감 받게 될 때 자기애적 신경증을 가진 사람들은 서서히 과대 자기에서 빠져나오게 된다. 부실한 자기를 감추려고, 다른 사람들이 자신의 부끄러운 내면을 알아볼까 봐, 과대하게 자기를 확대하는 풍선을 불어왔던 것이다. '나는 대단해! 나는 대단해!' 억지로 자기 풍선에 헛바람을 채워왔다.

　　그런데 자꾸 주위에서 사람들이 자신을 별 볼 일 없다고 여긴다면, 어떻게 될까? 풍선을 점점 더 크게 불어댈 수밖에 없다. 자기 포장과 과대 자기는 자꾸만 확장된다. 여기서 다시 판단 중지가 굉장히 중요해진다. 이 자기애적 신경증 환자를 제대로 치료하기 위해서는 고전주의 정신분석이 내린 치료 불능이라는 판단을 잠시 괄호에 묶어두는 일이 절대적으로 필요하다.

　　환자 자신의 내면으로 들어가려는 코헛의 노력이 대리통찰, 즉 공감을 통해서 서서히 자기애적 신경증을 가진 사람도 치료가 가능하게 이끌었다. 코헛이 주장하는 공감과 판단 중지의 힘을 영화 한 편을 예로 들어 살펴보자.

'센 척', '잘난 척'의 속사정

영화 〈굿 윌 헌팅〉은 최고의 힐링 영화이자, 안아주기와 공감이 얼마나 놀라운 힘을 발휘하는지 보여주는 영화다. 이 영화는 '굿 윌 헌팅', 그러니까 착한 윌 헌팅의 이야기다. 그런데 영화를 보면 주인공 윌은 전혀 착한 인물이 아니다. 오히려 '굿 가이'라기보다는 '배드 가이'다. 그러니까 마치 건달처럼 나온다. 윌이 얼마나 건달 짓을 많이 하는지 친구들이랑 길을 가다가, 지나가는 유치원 시절 친구를 보자마자 다짜고짜 달려가서 두들겨 팬다. 친구들이 그 이유를 묻자, 그냥 때린 것이라고 둘러댄다. 경찰에게도 폭력을 행사하다가 결국 기소되고 만다.

　　겉으로 보면 매우 폭력적이고 공격적인 주인공 윌은 명문 MIT공대의 청소부다. 그런데 윌에게는 특별한 점이 있다. 그냥 건달이 아니라, 엄청나게 똑똑한 건달이다. 윌이 좋아하는 취미가 하나 있는데, 그게 참 흥미롭다. 명문 대학이 즐비한 보스턴 호프집에 가서 명문대 학생들과 언쟁을 벌이는 것이다. 독서광이자 비상한 두뇌의 소유자인 월은 누구와 논쟁을 해도 적수가 없었다. 자연스럽게 월은 '자뻑증'으로 무장한다.

그러던 어느 날 MIT공대의 한 수학과 교수가 아주 어려운 수학 문제, 자기도 풀기 어려운 문제를 벽에 적어놓고 이렇게 공표한다. 이 문제를 푸는 학생이 있으면 포상하겠다. 하지만 아무도 풀지를 못한다. 그런데 이게 어떻게 된 일인가. 하루는 그 문제가 풀려 있는 것이 아닌가. 문제를 풀어놓은 학생을 수소문해보니 바로 청소부 월 헌팅이었다. 교수는 즉각 월을 불렀고, 학교 청소부에서 자신의 연구원으로의 화려한 변신을 약속했다. 하지만 문제가 있었다. 월이 폭력죄로 기소된 상태였던 것이다. 교수는 당장 보석신청을 한다. 그런데 재판부는 두 가지 조건을 제시한다. 보석금과 함께 월에 대한 심리치료를 명령했다. 교수는 보석금을 내고 심리치료도 제공하겠다고 약속한 뒤 보석을 허락받았다.

월은 교수와 함께 연구원의 삶을 시작한다. 공동연구가 시작되고 보석 조건인 심리치료도 시작했다. 교수는 월을 위해 지역에서 유명하다는 심리치료사들과 예약을 잡았다. 그런데 이상하게도 한 사람도 월을 계속해서 치료하겠다는 이가 없었다. 첫 상담이 끝나고 나면 월은 예외 없이 쫓겨났다. 이유는 간단하다. 자기애로 가득 찬 월은 치료사와 언쟁을 벌이고, 때로는 치료사를 지적으로 농락하기도 했다. 치료의 대가들마저 빈정이 상해 하나같이 월을 미친놈 취급하면서 내쫓았다. 이제 그 지역에는 월을 맡아줄 치료사가 한 명도 없다.

겉으로만 보면 청소부에서 MIT 수석연구원으로 변신한 월은 정도가 아주 심한 자기애적 신경증 환자처럼 보일 수밖에 없다. 그래서인지 유명하다는 치료사들조차 모두 치료 불가 판정을 내린 것이다. 하지만 월의 보석을 허락받기 위해서는 반드시 심리치료를 받고 보고서를 법원에 제출해야 한다. 교수는 마지막 순간에 한 명의 심리치료사를 떠올렸다. 자신의 대학동창인 맥과이어 교수였다. 영화에서 로빈 윌리엄스가 분한 인물이다.

교수는 자신과 친한 사이는 아니었지만, 독특한 심리치료 방식으로 상담을 이어가는 맥과이어 교수가 월에게 도움을 줄 것이라고 직감했다. 월은 맥과이어 교수와 심리치료를 이어갔다. 처음부터 둘의 케미가 잘 맞은 건 아니다. 월은 맥과이어 교수의 연구실에서 그의 아내의 사진을 보고는 분명 일만 좋아하다가 이혼을 당했을 것이라고 놀리기 시작한다. 이때 맥과이어 교수는 이례적으로 월에게 버럭 화를 낸다. 맥과이어 교수는 몇 해 전 아내를 병으로 잃었다. 월의 말대로 일만 좋아하다가 아내가 병이 난지도 몰랐다. 결국 나중엔 휴직을 하고 열심히 간호했지만 아내를 잃고 말았다. 그는 아내가 숨진 아픔을 월에게 털어놓기 시작했다. 월은 맥과이어 교수의 자기노출에 마음이 움직이기 시작했다. 마침내 월 자신도 속 이야기를 털어놓으면서 비로소 상담이 시작되었다.

그런데 맥과이어 교수는 상담 중에 자주 이런 이야기를 한다. "월, 네 진짜 속 이야기를 다 안 한 것 같아." 월은 아니라고, 자신은 숨김없이 자기 이야기를 털어놓고 있다고 답한다. 결국 마지막 회기가 되었다. 이제 최종 보고서를 작성하여 법원에 보내면 모든 보석 조건이 충족되는 것이다.

월은 맥과이어 교수에게 최종 보고서에 어떤 이야기

를 써줄 거냐고 묻는다. 잘 써달라고 아양을 떨기도 한다. 그런데 웬일인지 교수의 표정이 밝지 않다. 보고서 파일의 뭔가를 뚫어지게 쳐다보고 있는 듯했다.

그 파일은 법원에서 보내준 것인데, 법원에서도 미리 선입견을 갖지 말라고 마지막에 보내준 자료였다. 그것은 윌 헌팅이 어린 시절 아주 혹독한 가정폭력을 당한 피해자였다는 정보를 담은 파일이었다. 맥과이어 교수는 윌이 의붓아버지에게 매를 맞고 온몸에 피멍이 든 사진을 슬픈 눈을 하고 쳐다보고 있었다.

눈치 빠른 윌이 교수에게 질문했다. "교수님도 그런 경험이 있으세요?" 맥과이어 교수는 자신도 가정폭력의 피해자였다는 사실을 털어놓았다. 자신은 아버지가 술만 먹고 오면 온 가족을 때렸는데 어머니와 동생이 안 맞게 하려고 자신이 먼저 달려들어서 항상 매를 맞았다고 말했다. 그런데 아버지가 반지를 끼고 있는 날은 진짜 아팠다는 이야기도 했다. 그랬더니 윌은 자신 역시 의붓아버지에게 맞은 이야기를 하면서, 의붓아버지는 때리기 전에 몽둥이, 혁대, 그리고 렌치 중에서 어떤 것으로 맞을지 선택하라고 했다고 털어놓았다. 맥과이어 교수는 자신 같았으면 혁대를 골랐을 것이라고 하자, 윌은 쇠로 된 렌치를 골랐다고 했다. 그는 거친 욕을 하면서 할 테면 해보란 듯이 일부러 가장 아픈 렌치를 골랐다고 말했다. 그 이야기를 듣자 교수는 갑자기 보고서를 써야 하는 파일을 덮어버렸다. 그리고는 이런 보고서는 중요한 것이 아니라며 슬픈 눈을 한 채 윌 앞에 다가섰다.

뚜벅뚜벅 걸어가더니 윌에게 이렇게 말한다. "네 잘못이 아니야!(It's not your fault!)" 윌은 대번에 알고 있다고 대답한다. 맥과이어 교수는 그렇지 않다고 반박한다. 또다시 교수는 "네 잘못이 아니야"라고 말한다. 그러자 윌 역시 자신도 안다고 대답한다. 그러나 맥과이어 교수는 또다시 아니라고, 윌은 모르고 있다고 응수했다. 교수는 다시 "네 잘못이 아니야!"라고 하면서 윌과 눈맞춤을 시도했다. 그랬더니 윌이 주춤거리면서 갑자기 눈을 피하기 시작했다.

우리가 상대와 눈을 잘 못 맞추는 이유는 무엇일까. 상담에서 수치심이 많은 내담자일수록 눈을 맞추는 것을 어려워한다. 영화에서도 그동안은 눈을 잘 맞추던 윌이 갑자기 눈을 맞추지 못한다. 맥과이어 교수는 자신의 눈을 보라면서 다시 "네 잘못이 아니야!"를 반복한다. 월이 자신도 그 사실을 안다고 이야기해도, 맥과이어 교수는 아니라고, 넌 모른다면서 월에게 다가선다.

결국 맨 마지막에 이르러 월은 버럭 화를 낸다. "자꾸 그러면 선생님 가만 안 둘 거예요." 예전 월의 모습으로 돌아가려는 듯 공격적인 반응이다. 하지만 맥과이어 교수는 물러서지 않고 월에게로 더 바짝 다가가서 애절하게 말을 이어간다. "네 잘못이 아니야!" 맥과이어 교수의 눈에는 눈물이 맺히는 듯했다.

공격적인 모습을 보이던 월은 마침내 맥과이어 교수의 품에 안겨서 엉엉 울기 시작한다. 마치 20여 년 동안 참았던 눈물을 쏟아내는 것 같았다.

평소 월은 왜 그렇게 '센 척'을 한 것일까. 그의 내면에는 분명한 이유가 있었다. 다른 사람이 내 안에 숨겨놓은, 짐승처럼 매 맞고 자란 자신의 과거를 알아차릴까 봐 평소에는 세상에서 자신이 제일 대단한 양, 잘난 척, 센 척하는 것이 중요했는지 모른다.

영화 전반을 찬찬히 떠올려보면 폭력 죄로 기소되기 직전, 윌이 왜 지나가던 유치원 시절 친구에게 갑작스럽게 폭력을 행사했을까 하는 의문에 대한 답을 찾을 수 있다. 살짝 복선이 깔린 대사가 나온다. 왜 폭력을 행사하느냐고 친구들이 물어보았을 때, 피해자가 유치원 때 자신을 놀려 먹었던 친구, 자신에게 창피를 주었던 친구였다고 말하는 장면이 나온다. 지나가다가 어린 시절 자신이 친구에게 놀림을 받았을 때 느꼈던 수치심 때문에, 혹시 자신 안에 있는 매 맞는 아이가 갖는 엄청난 모멸감과 수치심이 떠오를까 봐 자신도 모르게 방어적으로 공격적인 행동이 촉발될 수밖에 없었던 것이다.

　　결국 윌 헌팅은 맥과이어 교수를 만나면서 오랜 병적인 자기애로부터 해방되고 결국 진짜 자기를 찾게 된다. 우리 주위에 정말 외골수처럼 보이는 자기애를 가진 친구들도 어쩌면 누군가의 공감이 절실히 필요한 사람일 수도 있다.

기업의 팀장급 관리자를 위한 교육을 진행할 때 나는 자주 자신의 팀원들 중에 문제가 있어 보이는 팀원을 떠올려보라는 주문을 하고는 한다. 각자 머릿속에 떠올린 문제의 직원은 주로 어떤 특징을 갖고 있을까? 팀장들은 한결같이 두 가지의 공통된 특징을 언급한다. 첫 번째는 그 직원은 소통이 잘 안 되는 외골수이고, 두 번째는 대부분 분노조절장애가 있다는 것이다. 나는 다시 질문을 던진다. "그런 직원의 태도를 좀 바꿔보려고 노력해본 적이 있나요?" 역시 팀장들의 반응이 한결같다. 펄쩍 뛰면서, 절대로 불가능하다고 단정한다. "안 돼요, 절대 안 돼. 그런 직원은 자기만의 세계가 있어요. 저만 그런 게 아니고 모두가 소통하기 힘들어해요. 아주 구제불능이죠. 다들 '막가파'라고 불러요."

방금 전에 들어본 이야기 같지 않은가? 마치 고전주의 정신분석의 입장과 유사하지 않은가? 치료 불가, 구제 불능 취급하는 것 말이다. 그럼 나는 팀장들에게 다시 묻는다. "그 사람이 팀장님이 자기를 싫어한다는 걸 알지 않을까요?" 팀장들이 답한다. "글쎄요. 뭐 알겠죠. 제가 좋은 표정을 짓지는 않으니까." 나는 또다시 묻는다. "그럼 다른 팀원들도 다 자신을 별로라고 여긴다는 것도 그 직원이 알지 않을까요?" "아마도 그럴 걸요." 나는 조심스레 이런 이야기를 건네어본다. "그렇다면, 제가 그 직원을 본 적은 없지만, 그분 내면에서 느껴볼 때, 자신을 그렇게 대단하게 여길 수는 없을 것 같은데요?" 팀장들은 대부분 극구 부인한다. "전혀 아니라니깐요. 그 친구는 진짜 자기기가 엄청 대단한 줄 안다니까요. 진짜 기가 막힐 때가 많아요!"

만약 코헛이라면 이런 경우 이 팀장에게 어떤 말을 하겠는가? "아니, 그건 팀장님의 판단이고요. 팀원 마음 안에서 살펴보는 공감의 방법을 한번 써보시죠."

고개를 갸웃거리며 팀장이 묻는다. "공감의 방법은 도대체 어떻게 하는 건데요?" 이렇게 설명하면 어떨까. "잘 생각해보세요. 만약 그 문제의 팀원이 어린 시절 내내 부모님에게 비난만 받았어요. 넌 나중에 사회에 나가도 절대 성공하지 못할 거야. 이런 악담만 듣고 자란 사람이라면 어쩌시겠어요? 그리고 학창 시절 내내 선생님에게도 주목받지 못하고 친구들에게 인기가 전혀 없었던 사람이었다면 어쩌시겠어요? 그렇다면 그 사람은 얼마나 부끄럽고 스스로 자괴감이 많이 들까요?"

자, 이제 그 팀원 마음 안에서 살펴보는 내성(內省)과 웅덩이 바닥의 느낌을 느끼는 공감의 방법으로 접근해보자. 늘 보잘것없는 자신에 대한 창피한 느낌은 정말 견디기 어렵다. 그런 자신을 자꾸 팀장과 팀원들이 자극하면 참는 것도 한계가 있다. 끓기 일보 직전의 임계점에 다다를 수 있다. 그럼 더 이상 자기를 건드리지 못하도록 해야 한다. 부끄러운 자신을 아무도 눈치채지 못하도록 과대하게 포장하는 풍선을 불기 시작해야 한다.

이른바 '까칠한 외골수 김 과장'이 되는 내적인 원리다. 그래서 다른 사람들이 김 과장 마음속 깊은 곳에 자리 잡은 수치심을 알아차리지 못하도록 만들었던 것이다. 그러다가 갑자기 감정이 폭발하는 경우도 있다. 왜 이런 일이 생기는 걸까? 아무리 자신을 포장해도 자꾸 팀원들

앞에서 팀장에게 야단맞는 일이 반복된다. 어느 정도는 참을 수 있다. 하지만 어느 순간 임계점에 다다르면 폭발하듯이 그 자리를 박차고 나가버릴 수 있다. 그러면 다행히 김 과장 스스로 수치심의 나락으로 떨어지는 일은 어느 정도 피할 수 있기 때문이다. 내성의 방법으로 살펴보면 참 다행이다. 김 과장이 더 큰 불쾌감을 느끼지 않기 위해서 아주 최소한의 힐링 본능인 방어기제를 쓴 것이다.

나는 문제 팀원을 위한 힐링 비법으로 팀장들에게 공감과 판단 중지를 실생활에서 활용하는 방법을 소개하고는 한다. 그 팀원을 굳이 상담사에게 보내지 않아도 된다. 어느 팀장이나 그저 석 달만 꾸준히 조금만 노력하면 할 수 있는 손쉬운 힐링 방법이다. 아쉽게도 대부분의 팀장이 잘 믿지 않지만 말이다.

그 방법은 아주 간단하다. 일주일에 한 번씩 석 달 간 칭찬하는 방법이다. 이렇게 이야기하면 다들 손사래를 친다. "에이, 전 또 뭐라고요? 그런 건 김 과장에게는 절대 안 통해요. 칭찬을 못 한다니까요. 제가 김 과장만 보면 뚜껑이 확 열리는데, 무슨 재주로 칭찬을 하겠어요?" 팀장들은 아예 시도조차 하지 않을 심산이다. 그래서 나는 좀더 구체적으로 칭찬하는 방법을 소개한다.

일단 모든 행동에 앞서 에포케, 즉 판단 중지가 최우선이다. 난 팀장들에게 차마 쳐다보기도 싫은 문제의 팀원을 쳐다보지도 않고 칭찬하는 법을 알려준다. 팀원의 얼굴만 봐도 자신이 먼저 뚜껑이 열린다는 팀장에게 유효한 방법이다. 과거의 그 팀원이 저지른 일들을 잠시 괄호 안에 묶어두어야 한다. 잠시라도 그 사람에 대한 생각을 묶어놓고 물건을 찾아보라고 권한다. 그 사람의 소지품으로 칭찬하는 것이다. "김 과장, 오늘 맨 넥타이 멋있다." "그 펜 어디서 났나? 굉장히 좋아 보이는데." 이런 종류의 소지품 칭찬은 김 과장에 대한 생각을 잠시 멈추고 담담하게 진행할 수 있다는 이점이 있다. 다만 약간의 부작용이 있다. "부장님, 왜 남의 펜 가지고 그러세요. 놀리시는 거예요?" 이렇게 김 과장은 칭찬 같지 않은 소지품 칭찬에 기분 나빠 할 수도 있다. 그런 거친 반응쯤은 잘 참아야 한다. 이렇게 소지품 칭찬을 꾸준히 일주일에 한 번씩 하도록 주문한다. 다는 아니지만, 석 달간 꾸준히 실천해보는 팀장이 간혹 있다.

소지품 칭찬법을 끝까지 실천해본 팀장들은 석 달 후 대부분 흥분 상태가 된다. 자신이 직접 목격한 변화에 대해서 격한 놀라움을 드러낸다. 늘 무시해온 직원이 완전히 변했다고 놀라워한다. 어떻게 된 걸까? 나도 자세한 내막은 알 수 없다. 하지만 분명한 것이 하나 있다. 그 문제가 있다는 직원이 자기 자신을 스스로 사랑하게 된 것이다. 스스로 힐링하게 된 것이라 말해도 된다. 그동안 자기가 괜찮은 사람이라 생각할 이유가 없었다. 다들 자신만 보면 삐딱하게 쳐다보는 걸 누구보다 잘 알고 있었다. 그래서 고슴도치처럼 항상 예민하게 굴었는데, 어느 날부터인가 자신을 무척이나 싫어하는 줄 알았던 팀장한테서 다른 느낌을 받기 시작했다. 갑자기 내 소지품에 관심이 있는 것 같고, 내게도 조금 관심이 있는 것 같다.

한번은 팀장 한 분이 이런 이야기를 했다. "교수님. 제가 한 한 달쯤 지나니까 소지품을 못 찾겠더라고요. 더 이상 찾을 게 없어요. 넥타이도 한 번 했지, 시계도 했지, 도저히 칭찬할 게 없어서 어쩌지 그러는데, 그때 처음으로 그 친구가 보이더군요. 아, 그 친구가 옛날에 참 분위기 메이커였는데…. 그래서 김 과장에게 그 이야기를 했어요. 그랬더니 처음에 아니라고 잡아떼는 것 같더니 내심 좋아하는 눈치더군요."

팀장에게 처음으로 김 과장이라는 사람이 보이기 시작한 것이다. 그가 가진 강점들이 보인 것이다. 이것이 바로 판단 중지의 놀라운 힘이다. 더불어 내성과 공감까지 진행하면 금상첨화다. 나는 팀장에게 이렇게 제안했다. "팀장님, 김 과장을 한번 따로 만나세요. 꼭 일대일로 만나세요. 그리고 이야기하면 참 좋겠죠. 내가 지금 당신 입장에서 생각해봤어. 내가 당신 마음에 들어가서 느껴보니까 그동안 정말 김 과장이 많이 속상했겠더라. 정말 미안해!"

어쩌면 막가파 김 과장의 뜨거운 눈물을 보게 될 수도 있다. 판단 중지와 공감은 바로 나와 내 주위의 모든 사람을 위해서 일상생활 중에 항시 필요한 힐링 도구이다. 오늘부터 당장 이 판단 중지와 연결된 공감 사용법을 연습해보기를 권한다.

acceptance

04

두 번째 화살은
맞지 마라

프로이트의 '그것'과 수도사의 뇌

한 방송국 프로그램에 출연한 후 스태프들과 식사를 하게 되었을 때의 일이다. 우리는 자연스럽게 요즘 유행하는 '먹방'에 대한 이야기를 나누었다. 우리나라만큼 먹방이 많은 나라도 없을 것 같다면서, 심지어는 먹는 장면이 아예 없는 드라마는 시청률이 급격하게 떨어진다는 이야기도 나왔다. 한 작가는 '먹방은 항상 옳다'고 주장하기도 했다. 먹는 즐거움은 모든 사람에게 통하는 진리라면서.

　　이야기를 듣다 보니 이들은 모두 시청자들이 대리만족이라도 할 때 하나같이 쾌감을 얻을 것이라고 굳게 믿고 있는 듯했다. 방송을 통해서 보는 즐거움을 유발하여 직접 해 먹어보거나, 맛집에 직접 찾아가보려는 욕구를 불러

일으킬 수 있다. 그러나 다른 한편으로는 적잖은 사람에게 불쾌감을 줄 수도 있다. 방송인들은 한우 고기를 배가 터지게 먹고 있지만, 한우 구입을 엄두도 못 내는 서민도 있기 때문이다.

우리의 신체는 불쾌감을 느끼면 받아들이지 않고 방출하려고 하는 '그것(es)'이 있다고 했다. 프로이트는 불쾌감을 신체만 느끼는 것이 아니라, 마음도 느낄 수 있다는 점에 착안하여 정신분석을 전개했다.

한 개인의 배고픔은 신체적 고통일 뿐 아니라, 심리사회적(psychosocial) 고통이다. 배부른 타인에 비해 상대적으로 박탈감과 소외되는 느낌을 갖는 해석적인 감정일 수 있기 때문이다. 먹방을 통해서 신체적인 배고픔을 대리만족으로 잠시 날려보낼 수 있을지 모르겠다. 하지만 심리사회적인 마음의 배고픔은 여전히 남아 있을 수 있다.

때로는 불쾌감을 우리의 신체와 마음이 서로 다르게 받아들일 수도 있음을 알아야 한다. 종교적인 이유로 수련하는 수도사의 금식을 떠올려보라. 때를 따라 음식을 섭취하지 않으면 신체적으로 배고픔을 느끼는 것이 당연한 이

치다. 누가 뭐래도 배고픔은 신체적인 불쾌감을 준다. 제 아무리 수련을 많이 한 수도사라도 밥을 먹지 않으면 배 속이 쓰라리게 마련이다.

그런데 이 불쾌감을 수도사는 다르게 해석할 수 있다. 이것은 마음의 해석 능력이다. 마음은 금식을 하는 행위에 다음과 같이 의미를 부여한다. '이 행위는 신(神)의 고통에 참여하는 거룩한 행동이다. 내가 먹지 않는 이유는 그분과 하나 되기 위해서이다.' 신과 어떤 합일의 경험을 하기 위해 이런 금식을 하는 종교인에게는 분명 불쾌감을 주는 신체적 경험일지라도 놀랍게도 긍정적으로 받아들여 고양된 심리상태로 변화된다.

오랜 금식이나 수행을 하는 수도사는 특별한 종교적 경험을 위해 신체적인 불쾌감을 있는 그대로 수용하고 거룩한 경험으로 재해석한다. 과학자들은 뇌파 검사를 통해서 분명히 불쾌감을 줄 만한 상태인데도 불구하고, 수도사의 뇌는 이것을 일반인과는 다르게 받아들이고 있음을 확인했다. 배고픈 수도사의 뇌는 오히려 최고의 평정심을 유지한다. 수도사의 마음은 도대체 우리와 얼마나, 그리고 어떻게 다른 것일까?

　두 번째 화살은 맞지 마라. 무슨 뜻일까. 불가에서 전하는 유명한 격언인데, 첫 번째 화살을 신체적인 불쾌감이라고 가정해보자. 그렇다면, 두 번째 화살은 마음의 불쾌감, 즉 심리사회적인 해석적 감정으로도 해석할 수 있을 것 같다.

　2020년 우리는 코비드19의 대유행으로 인해 전 세계 전 인류가 첫 번째 화살을 맞았다. 바로 바이러스 감염이다. 우리 모두의 신체에 바로 직접적 영향을 주는 화살이다. 그렇다면 두 번째 화살은 무엇일까. 두 번째 화살은 그로 인해서 전 세계가 극도의 공포감에 빠져들고 모두가 지나치게 불안해하며, 또 다른 사람을 경계하고 혐오감을 품는 심리사회적인 여파가 아닐까. 이런 심리사회적인 경험은 오히려 첫 번째 화살보다 더욱 위험한 독화살일 수 있다.

　그런데, 두 번째 화살은 맞지 마라는 말은 무엇인가. 두 번째 화살은 피할 수도 있다는 말인가. 그렇다. 이는 스스로 조절이 가능하다는 의미일 수 있다. 여기 생리통이 유난히 심한 여성이 있다. 이 생리통이 시작되는 날이 매달 15일경부터 한 열흘간이라고 가정해보자. 이때 열흘간의 생리통이 첫 번째 화살이다. 이는 피할 수 없는 신체적 고통을 수반한다. 이 여성에게 두 번째 화살은 무엇일까? 매달 생리통에 시달려온 이 여성은 생리가 시작하기도 전에, 그리고 끝난 이후에도 일주일 가까이 거의 한 달 내내 불안에 떨 수 있다. 한 달 중 생리통 스트레스가 없는 날이 별로 없는 듯하다. 그렇다면 이 여성은 두 번째 화살을 한 달 내내 맞고 있는 것이다. 그 이유가 무엇일까. 시작하기도 전에, '이제 일주일 있으면 또 시작이네. 어떡하지?' 끝이 나도, '끝난 거 맞아? 아닌 것 같은데? 다시 시작하는 거 아니야? 아직도 많이 아픈 것 같은데?' 등 초조함과 불안감이 한 달 내내 지속될 수 있다.

열흘간만 피할 수 없는 통증을 있는 그대로 느끼고 그 앞뒤로 사전, 사후에는 불필요하게 불안감을 느끼지 않을 수 있다면 참 좋으련만. 그렇게 할 수 있는 방법은 없는 걸까. 그래서 이 두 번째 화살을 맞지 않으려면 아예 첫 번째 화살부터, 즉 신체적 통증도 무조건 피하려고 하지 말고 있는 그대로 받아들이는 방식으로 마음의 태도를 바꿔보는 시도가 필요하다. 수용(acceptance)의 자세가 필요한 것이다.

마음챙김과 사이먼튼 요법

신체의 불쾌감을 호소하는 환자에게도 이 수용의 방식은 대단히 유효하다. 환자들은 멀쩡하다가도 병원에만 가면 몸의 힘이 빠지고 통증이 시작되는 느낌을 받는다고 말한다. 알코올 냄새만 맡아도 벌써 두려움에 가슴이 뛰는 사람도 있다.

　나는 아침마다 혈압측정계로 혈압을 체크한다. 다행히 현재까지 정상혈압을 유지하고 있는데, 6개월에 한 번씩 병원에 가서 측정할 때면 이상하게도 늘 정상범주를 훨씬 넘어간다. 서너 번 이상 측정해야 겨우 정상범주까지 내려간다.

　한 의사 선생님이 내게 병원에서 혈압을 잴 때 눈을 감고 측정해보라고 조언을 해주었다. 이유를 물었더니 어떤 환자는 하얀 가운만 봐도 혈압이 올라가기 때문이라고 했다. 그때부터 병원에서 혈압을 잴 때는 눈을 꼭 감고 내가 좋아하는 캘리포니아 바다를 떠올렸다. 정말 도움이 되었다. 아마 나도 심장혈관 클리닉에만 들어서면 이미 두 번째 화살을 맞은 상태가 되었던 모양이다.

수용은 우리 신체의 통증을 두려워하지 말고 오히려 있는 그대로 받아들이고 친해지려는 노력이 때로는 필요하다는 것을 알려준다. 에포케와 연결하면, 통증에 대한 판단 중지, 그러니까 판단하지 않겠다는, 비(非)판단적 태도가 매우 중요하다.

최근 서구의 병원에서는 신체의 통증을 있는 그대로 받아들이고 통증을 충분히 견딜 수 있는 것이라고 상상하는 심리요법을 자주 사용한다. 그래서 사전에 안전하게 그것을 미리 경험할 수 있도록 하는 심리교육을 병원에서 실시하는 경우가 많아졌다. 대표적인 프로그램으로는 많은 통증클리닉에서 폭넓게 활용하는 마음챙김 기반 스트레스 완화(Mindfulness Based Stress Reduction: MBSR) 프로그램이 있다.

1979년에 이 훈련법을 처음 주창한 미국의 존 카밧

친(Jon Kabat-Zinn)은 분자생물학자로 캠브리지 불교명상센터에서 수련하던 중, 불가의 정념(正念) 명상법에서 아이디어를 얻은 것이 마인드풀니스(mindfulness)이다. 마인드풀니스는 마인드리스니스(mindlessness), 즉 멍한 마음의 상태를 벗어나서 마음을 꽉 채우는 경지를 의미한다. 나는 이 '마인드리스니스'란 정신없이 무의식 중에 이미 두 번째 화살을 맞은 상태라고 해석한다.

두 번째 화살을 맞은 멍한 상태에서 벗어나려면 지금 여기에서 마음(mind)을 온전히(fully) 잘 챙겨서 현재의 경험, 그것이 통증이든지 혹은 고통일지라도 판단하지 말고 있는 그대로 수용하는 자세를 견지해야 한다.

마음챙김 기반 스트레스 완화 프로그램은 에포케와 수용의 태도를 기반으로 만들어진 힐링 프로그램이다. 통증이나 고통이 오면 그 감각을 나쁜 것이라고 판단하지 말고, 이것이 따끔따끔한 고통인지 아니면 온몸에 퍼지는 고통인지 따지지 말고 오히려 차분히 느껴보라고 권한다. '큰일 났다. 이 고통이 대체 언제 끝나지?'라고 두려워하면 벌써 통증의 경험 앞뒤로 훨씬 더 많은 두 번째 화살을 맞게 되기 때문이다.

그래서 통증을 대할 때 마음을 다해서, 혹은 마음을 모아서 통증과 마주하고, 있는 그대로 내 신체의 일부 경험으로 수용한다는 의미에서 불교 용어인 '마음챙김'을 정신의학 전문가들은 '마음모음' 혹은 '마음다함'이라고 번역하기도 한다.

이 수용의 방식은 암 병동에서도 활용되고 있다. 암 환자를 치료하는 방사선 종양학자인 칼 사이먼튼(Carl Simonton)은 캘리포니아 사이먼튼 암센터에서 심리사회적인 의학을 주창했다. 국내 방송에서도 심신의학의 선구자로 소개된 바 있는 그는 이른바 '사이먼튼 요법'을 개발하여 암 환자의 신체적인 치료뿐 아니라 심상치료에 전념했다.

사이먼튼은 그가 만난 대부분의 암 환자가 암 진단을 받자마자 모두 한결같이 동일한 판단을 내리고 있음을 발견했다. 암은 죽음에 이르게 하는 병이라는 자가진단이다. 아주 경미한 상태이든, 혹은 초기 암이든지 상관없이 암이라고 일단 진단받으면 모두 '난 결국 죽을 거야'라며 지레 판단해버리고 말더라는 것이다.

사이먼튼은 환자의 그런 판단을 잠시 내려놓도록 심상치료를 진행했다. '종양이 내 몸에 왜 들어왔지? 왜 하필 내 몸에 암이 생겼지?'라는 비판적인 생각과 질문을 내려놓도록 했다. 대신 이미 종양이 생겼으면 그 종양이 자신의 몸 안에 살고 있다는 점을 수용하도록 훈련했다. 받아들이기 어렵더라도 판단하지 말고 무조건 수용하도록 한 것이다.

수용이 가능해지는 단계는 좋고 나쁨의 판단의 잣대가 무의미해지는 경지다. 종양이 환자의 몸의 일부가 되었다고 수용이 가능해지면, 이제 그 종양의 이미지를 머릿속에 떠올려보라고 한다. 환자는 흉측한 모습의 종양을 상상할 수도 있다. 상상한 종양이 어떤 모양이든 상관없다. 일단 그것이 내 몸의 일부로 내 안에서 살고 있다고 수용하는 것이 훨씬 중요하다. 그런데 그 암만 있는 게 아니라 환자의 몸 안에는 좋은 세포도 있다. 이를테면 항암제라든지 방사선이 들어오면 그 종양과 만나서 그 종양을 막 무찌르는 세포의 이미지를 상상하도록 했다.

상상을 통한 종양 심상치료는 환자의 신체와 마음이

하나로 연결되면서 불가능해 보였던 치료도 가능할 수 있도록 기적을 만들어냈다. 환자에게 암이 곧 죽음이라는 두려움을 내려놓고 자신 안에 존재하는 암을 있는 그대로 받아들이는 심상훈련을 했더니, 암 환자의 예후가 예상보다 훨씬 더 좋아졌다는 것이다. 암 덩어리를 이미 내 안에 살고 있는 나의 일부로 수용하고 나서 가능했던 호전효과가 아닐까.

환자가 아니라 고객

불쾌감은 신체적인 느낌일 뿐 아니라 심리사회적인 해석으로 이어지듯, 우리의 고통도 신체적인 통증을 수용할 뿐 아니라 심리적인 상상을 통한 재해석이 중요하다. 수용은 우리가 자신의 가치를 스스로 느끼는 존재감과 밀접한 연관이 있는 힐링의 조건이다.

불쾌감을 반드시 방출해야만 하는 나쁜 느낌으로 여기면 배고픔이 밀려올 때 우리는 비참한 느낌에서 벗어나기 힘들다. 하지만 배고픔의 불쾌감을 긍정적으로 수용하고 종교적으로 재해석하는 수도사의 경우엔 자신의 존재감이 지극히 고양되어 신과의 합일의 경지에 이를 수도 있다.

그런 측면에서 본다면, 수용은 우리 자신의 존재 가치를 결정해주는 매우 중요한 힐링의 조건이라고 볼 수 있다. 이 역시 이미 우리가 아주 어린 시절부터 엄마로부터 경험하고 몸에 체득하고 있던 능력이다. 앞서 안아주기와 공감을 설명하면서, 갓난아이가 처음 엄마와 분리를 경험했다가 다시 엄마가 돌아왔을 때 엄마를 향해 벼락같은 공격성을 보이는 행동을 지적한 바 있다. 엄마 유두 부분을 공격했던 아기의 공격성에 대해서 엄마는 나쁜 행동이라고 전혀 판단하지 않았다. 어떤 맞대응이나 보복도 하지도 않았다. 엄마는 묵묵히 홀딩(holding)과 피딩(feeding)을 지속했다. 이 홀딩의 경험은 결국 갓난아이에게는 어떤 경험이었을까? 마치 수도사가 신과의 합일을 최고의 경험이라고 여기듯, 아이도 엄마와 다시금 하나가 되는 최고의 경험이었을 것이다.

이렇게 유아기 초기 돌봄의 대상에게 우리가 다시

수용되는 느낌이야말로 가장 완벽한 힐링 경험의 원형이었다. 어쩌면 세상의 모든 수도사가 갈망하는 신과의 합일과도 비견될 만한 경험이다.

이 수용은 심리상담 서비스에 가장 중요한 바탕이 된다. 상담이라는 뜻의 용어 카운슬링(counseling)을 처음 소개하고 심리상담 서비스를 주창한 이는 미국의 심리학자 칼 로저스(Carl Rogers, 1902~1987)다.

칼 로저스는 미국 콜롬비아대학교에서 아동 심리치료에 대해서 연구하고 석사와 박사 학위를 받았다. 교육학 연구자로서 심리치료를 공부했던 로저스는 왜 새로운 신조어, 상담(counseling)이 필요하다고 생각했던 것일까?

로저스가 생각할 때 이 상담이라고 하는 전문적인 힐링 서비스가 필요한 사람들이 모두 질병을 가진 환자는 아니었다. 그래서 그는 새로운 서비스가 필요한 사람들을 심리치료에서 사용하는 환자(patient)라는 단어 대신 고객(client)이라는 중립적인 단어로 바꿔 부르는 것을 선호했다. 국내 상담계는 고객이라는 번역어 대신 내담자라고 칭하지만, 로저스가 썼던 상담 서비스의 대상사는 분명 고객이었다.

단순히 환자에 대한 명칭만 바꿔 부르자는 주장은 아니었을 것이다. 심리치료에서처럼 서비스 대상자를 환자라고 낮춰 보지 말고, 상담 서비스의 주인공, 고객으로 존중하자는 운동이 바로 로저스가 주장한 내용이다. 그래서 주변에서 심리치료와의 차이점을 물을 때면, 로저스는 상담 서비스를 '고객/내담자 중심 치료(client-centered therapy)'라고 설명하고는 했다.

당시 로저스가 벌인 상담운동은 전문의(medical doctor) 중심의 의료 모형에서 과감하게 탈피하고자 하는 가히 혁명적인 시도였다. 로저스가 학위과정에서 공부하던 시절 주로 만났던 심리치료의 대상은 아동이었다. 그는 심리치료에서 만난 아동이 다 심각한 정신질환이 있는 환자가 아님을 발견했다.

이상행동이나 정서적인 위기를 경험하고 있는 아동 환자들을 치료하다 보면, 그들의 부모나 양육 환경이 주는 스트레스가 굉장히 큰 영향을 미치고 있었다. 아동기나 사춘기에 자연스럽게 나타나는 발달상의 위기를 경험하는 많은 아동을 굳이 치료의 대상인 환자로 보는 관점이 오히려 그들을 입체적으로 이해하는 것이 아닌 것 같다는 생각이 점차 그를 지배했다.

이른바 문제 아동을 심리적으로 돕는 일에 투신했던 로저스는 어느 날 큰 통찰을 얻게 된다. 그가 만나온 많은 문제 아동이 주로 부모나 초기 돌봄을 제공받아야 될 대상에게 받아들여지는 경험, 즉 수용 받는 느낌을 제대로 경험하지 못했다는 점이다. 이럴 때 아동은 스스로의 존재감을 느끼지 못하고, 자신을 가치 있는 존재로 여기는 마음이 현저하게 결여된다는 것이다.

조건부 자기 존재감

로저스는 심리치료에서 자신이 만나온 아동이나 성인 환자도 모두 소위 '조건부 자기 존재감(conditional self-worth)'을 가지고 있다고 진단했다. 이건 무슨 뜻일까? 한 개인이 어떤 조건을 갖추면 자신의 존재감이 올라가지만, 어떤 조건을 제대로 갖추지 못하면 타인에게나 사회에서 저평가되고 말

것이라는 불안을 가진 상태를 의미한다.

보통 '조건부 자기 존재감'을 가진 아동은 부모가 제시하는 높은 기준과 조건을 제대로 충족하지 못했던 경험을 가지고 있을 가능성이 높다. 그래서 가정에서의 정서 발달과 관계 발달 상태가 그대로 친구 관계를 맺을 때나 사회생활을 할 때도 영향을 끼치게 된다. 가정 밖에서도 마찬가지로 조건에 따라 제한적인 존재감을 느끼며 불안해하는 상태가 이어진다는 말이다.

왜 많은 아동이 이런 조건부 자기 존재감을 가지게 되는 걸까? 유아기에는 아이들이 모두 엄마에게 충분히 수용 받고 살았다고 하지 않았던가. 갓난아이였을 때 자신의 거친 공격에도 오히려 미안하다며 품어주던 엄마가 있지 않았는가. 그렇게 아이는 엄마의 홀딩 속에서 수용됨을 느꼈다고 하지 않았는가. 그때의 경험이 최고의 힐링 경험이라고 하지 않았던가. 그렇다. 그런데 문제 아동의 문제는 그 이후부터다.

아이가 자라 유치원에 가고 초등학교에 입학한다. 갑자기 학령기 아동이 된 자녀가 공격적인 언어를 쓰고 거친 행동을 하면 그땐 부모도 달라지게 마련이다. '이제 봐주기 그만!' 마치 모든 부모가 약속이라도 하듯, 유아기 때까지 잘도 참아주던 부모가 서서히 보복을 시작하는 모양새다. 물론 보복이란 말은 좀 어색하지만, 어느 가정이나 부모의 엄한 훈계가 시작된다는 말이다.

그때부터는 부모의 기준을 통과하면 착한 자녀로 등극하지만, 그렇지 못한 경우는 못된 자녀로 전락하고 만다. 부모가 굉장히 엄한 기준을 가진 경우, 자녀는 그 기준을 통과했을 때에만 자신의 가치를 스스로 느낄 수 있게 된다. 그러나 안타깝게도 자꾸 실패를 경험한다. 그런 경험이 반복되면 도저히 넘을 수 없는 장애물 같은 조건이 생기고, 결국 그런 조건이 많아지면 불안한 조건부 인생이 시작된다.

로저스가 언급한 '조건부 자기 존재감'을 가지게 되면 자신의 가치를 평가할 때 철저하게 외부 조건에 의존하게 된다. 부모의 기준을 넘지 못했던 아이는 학교생활에서도 쉽게 기가 죽게 마련이다. '선생님이 과연 나를 이 모습 그대로 받아줄까?' 자꾸만 의식이 되고 매사에 자신의 존재감에 대한 불안과 의심이 커져만 간다.

심지어 친구 관계에서도 마찬가지다. '저 친구들이 날 좋아할까? 저 친구가 정말 나를 받아줄까?' 자신이 그들의 요구를 충분히 만족시킬 수 있을지 없을지 노심초사하면서 또 한편으로는 그 요구를 충족시키려고 부단히 노력하는 삶을 살 수밖에 없게 된다. 조건부 자기 존재감에 사로잡히면 외부 조건을 지나치게 따지면서 남의 눈치만 보다가 결국 끝없는 자기 비하로 생을 마감하는 인생이 되고 만다.

그렇다면 로저스가 심리치료에서 만난 문제 아동에게, 그리고 조건부 자기 존재감에 시달려온 성인에게 가장 필요하다고 본 임상적 개입은 무엇이었을까? 로저스는 상담실을 찾은 내담자가 평소에 부모에게서 경험해보지 못한 수용감을 경험하게 하는 일이 최우선 과제라고 여겼다.

아동기 때부터 한 번도 있는 그대로 수용되지 못했기 때문에, 그리고 넘기 힘들었던 많은 조건으로 인해 고통 받아왔기 때문에 그냥 무조건적으로 받아들여주자는 입장이 상담 서비스의 가장 중요한 시발점이 되었다. 무조건

적인 수용과 공감, 이것은 로저스가 상담 서비스를 주창한 이유이자, 가장 중요한 상담의 기본 바탕이라고 보았다.

아무리 전문적인 훈련을 받은 심리상담사라 할지라도 내담자를 만나서 무조건적인 수용을 제공하는 일은 결코 쉽지 않다. 이미 혹독한 외부 평가의 잣대로 인해 조건부 존재감을 가지고 있는 내담자라면, 상담사를 만나도 이전에 자신이 경험한 평가 대상과 똑같이 여길 때가 많기 때문이다.

상담 초기에는 내담자가 상담사도 여전히 자신의 부모나 무서운 선생님처럼 여겨 의심의 눈초리로 간을 보기 마련이다. '상담사도 날 평가하지 않을까? 상담사도 기준이 높지 않을까? 상담사가 나를 이상하게 생각하면 어쩌지?'

가장 무서운 내담자

나와 같은 중년의 상담사에게 제일 어려운 상담 상대는 누구일까. 바로 청소년이다. 이유는 간단하다. 청소년 내담자의 눈에는 상담사가 자신의 엄마나 아빠 같은 '꼰대'처럼 보일 가능성이 높기 때문이다. 그래서 국내 상황에서 청소년 상담을 꼰대가 하는 것은 거의 불가능해 보여, 또래 상담 제도를 활성화하기도 했다. 청소년이 상담의 기본 훈련을 받고 또래를 상담해주는 방식이다.

상담 전문가의 입장에서 보아도 청소년 상담을 제대로 하기란 여간 어렵지 않다. 내가 청소년 상담 강의를 할 때 꼭 소개하는 비결 하나가 있다. 처음 미국에서 레지던트 상담사로 수련을 받을 때 무서운 마약 청소년을 상담하면서 고심 끝에 터득한 방법이다.

내가 속한 상담센터가 있었던 지역에는 학교에서 마약을 하는 청소년이 유난히 많았다. 교내에서 적발되면 바로 지역 상담센터로 보내어 10회기 이상 상담을 받고 전문 상담사의 사후 평가를 받도록 되어 있었다. 센터에서 가장 젊은 나이의 상담사여서인지 나는 이런 마약으로 적발되어 온 청소년의 상담을 자주 맡았다.

마약을 한 청소년 관련 상담은 전부 내담자가 억지로 끌려온다. 그런 청소년의 태도는 결코 공손하지 않다. 오자마자 늘 이런 질문부터 날린다. "아저씨(Mr.), 이거 얼마나 해야 돼요? 오래 걸려요?" 나는 최대한 친절하게 50분은 받아야 된다고 답변해준다.

가끔은 상담실에 들어서기 바로 전까지 마약을 하다가 온 것 같아 보이는 청소년 내담자도 있었다. 그런 경우에 내담자는 어김없이 이런 질문을 날린다. "어느 나라에서 왔어요? 영어로 상담할 줄 알아요?" 이런 돌발 질문을 받을 때는 나의 자존감을 지키는 일도 매우 중요한 문제가 된다.

이런 비자발적인 청소년 내담자는 상담 시간을 고역처럼 느끼기 마련이다. 그래서 그들은 이런 질문을 늘어놓기 일쑤다. "저 바빠서 그러는데, 다른 것 좀 해도 돼요?" 요즘 같으면 스마트폰으로 게임을 한다고 했을 텐데, 스마트폰이 없던 때라 노트북을 가지고 와서는 숙제를 해도 되냐고 묻고는 했다.

내게 상담을 받지 않고 대놓고 딴짓을 하겠다면 어찌해야 할까? 또다시 전문가인 내 자존심에 상처를 입는 것 같았지만, 여기서 내가 흔들려서는 안 된다고 마음을 굳게 다잡았다. 나는 내가 전문가로 받아들여지는 것보다 내담자가 내게 충분히 받아들여지는 경험을 제공하는 방법이 무엇일지 고민했다.

고민 끝에 내린 내 대답은 이랬다. "여기서의 50분이란 시간은 온전히 네 시간이야. 네가 하고 싶은 건 뭐든지 해도 돼. 네가 주인공이니깐, 오케이?" 내담자는 신나게 노트북을 꺼내놓고 허락받은 딴짓을 시작했다. 그 대신 나는 내담자가 하는 일을 주의 깊게 지켜보았다. 아마 내담자는 나도 딴짓을 해주길 바랐겠지만, 나는 '고객이 왕'이라는 눈빛으로 그를 사랑스럽게 쳐다보고 있다. 내담자가 굉장히 부담스러워 한다. 그러면서 난 적어도 10분에 한 번씩은 다시 질문을 했다.

"그런데 있잖아. 혹시 네가 누군가에게 좀 털어놓고 싶은 이야기가 있다, 그러면 내게 기회를 줄 수 있겠니? 내가 여기 있는 이유가 바로 그런 거니까. 물론 지금은 안 해도 되고." 그러면 귀찮다는 듯, 내담자는 알겠다고 대답하고는 다시 딴짓에 몰두한다. 그다음에 또 10분쯤 있다가 난 진지하게 묻는다.

"미안한데, 아까 내가 이야기한 건데, 혹시 누군가에게 꼭 하고 싶은 이야기가 있는데 한 번도 못한 것이 있을 수 있잖니? 그땐 나한테 이야기해줘. 여기 상담 시간은 바로 그런 거 하라고 있는 거야. 알았지? 미안, 컴퓨터 계속해." 내담자가 짜증이 날 만도 하지 않은가. 50분 상담하는 동안, 최소 네다섯 번 정도는 내담자에게 부탁하듯 비슷한 질문을 반복했다.

다음 주 두 번째 회기에도 같은 일이 반복되었다. "컴퓨터 해도 돼요?" "물론이지. 여긴 네가 주인공인데, 네 맘이지!" 그다음에 어김없이 10분마다 질문을 했다. "그런데 있잖아. 진짜 누구한테 털어놓고 싶은 이야기가 있는데 혹시라도 할 사람이 필요하면 그때는 나를 활용하면 된다. 알았지? 미안, 게임 계속해."

나 스스로도 이런 시도를 하면서 내담자가 10회기 내내 이런 상황을 지속하면 어쩌나 약간 걱정이 되기도 했다. 하지만 놀랍게도 청소년 내담자들은 대부분 3~4회기가 넘어가면 태도 변화를 보이기 시작했다. 평균 3주 정도까지 버티면 끝이 난다. 보통 네 번째 주가 되면, 대부분의 내담자는 컴퓨터를 덮고 말문을 열고는 했다. "아저씨, 진짜 제 이야기 한번 들어보실래요? 아저씨 같은 사람은 처음이에요."

정작 말문이 열리자 정말 한 번도 남에게 꺼내보지 못했을 법한 이야기가 쏟아져 나왔다. 내담자들은 자신이 왜 마약을 처음 시작하게 되었는지, 부모의 언어폭력이 자신을 얼마나 아프게 했는지, 학교에서 얼마나 심한 괴롭힘을 당했는지 등등 그동안 아무에게도 말하지 못했던 갖가지 사연을 쏟아냈다.

왜 이런 속 이야기를 털어놓은 걸까? 마약과 관련된 이런 청소년들을 학교나 사회에서는 이유 불문하고 일단 범법자 취급을 한다. 마약 투여 행위에 대한 법적인 판단이나 감정적 평가 없이 이런 문제 청소년의 존재 자체를 존중해주는 사람을 찾기란 결코 쉽지 않다. 가족도 마찬가지다.

하지만 적어도 상담사는 달라야 한다. 제아무리 마약을 일삼는 문제 청소년이라도 있는 그대로 수용하는 일이 필수적이다. 그저 3주간 3시간 정도만 하면 되는 일인데, 그조차 잘할 수 없을 때가 많다.

　만약 내가 그들의 말에 자존심에 상처를 입고 이렇게 반응했으면 어땠을까? "야, 너 여기 마약으로 적발되어서 온 거야. 무슨 컴퓨터를 해? 여기 놀러온 줄 아는 모양인데, 열심히 상담 받고 내가 보고서를 잘 써줘야 학교에서 징계를 안 당하는 거야. 알기나 해?" 이런 상담사를 만나면 내담자는 아마도 이렇게 속으로 외쳤을 것이다. "그럼 그렇지. 꼰대 같은 모습이 우리 아빠랑 똑같네. 당신이 나와 상담을 하겠다고? 내가 미쳤냐? 내가 왜 내 이야기를 너한테 하겠니?"

　시건방진 문제 청소년이라서 누구와도 말을 섞지 않고, 입 닫고 사는 것이 아니다. 덮어놓고 어른의 이야기를 콧방귀 뀌면서 무시하는 것도 아니다. 그저 자신을 있는 그대로 인정하고 수용해주는 어른을 만나지 못했기 때문이다. 단지 그 이유 때문이다.

클라인만의 '질병 없는 병'

2009년 통일부의 의뢰를 받아 북한 이탈 주민을 대상으로 한 민간협력 지원 프로그램에 대한 연구를 한 적이 있다. 연구 내용은 민간단체에서 남한에 정착한 탈북민을 대상으로 하는 여러 프로그램을 분류해보고 거기에 참여한 탈북민의 만족도가 실제로는 어떤지 살펴보는 것이었다. 이전까지는 프로그램을 제공하는 단체들 위주의 실태조사만 이루어지고 있었다.

　민간단체들은 여성 사회 적응 지원, 고령자 지원, 정신건강 지원, 의료 지원, 전문 상담 인력 양성, 가족 적응 지원 등 다양한 지원 프로그램을 설계하여 제공하고 있었다. 정신건강 지원과 가족 적응 지원 프로그램이 제일 많았고, 의료 지원과 전문 상담 인력 양성이 그 뒤를 이었다. 전반적으로 단체들의 실무자 만족도는 높은 반면, 정작 참여자인 북한 이탈 주민의 만족도는 상대적으로 낮았다.

　나는 의료 지원 프로그램과 관련하여 기관 실무자와

참여자 인터뷰를 진행하면서 의아한 경험을 하게 되었다. 기관 실무자들은 한결같이 북한 이탈 주민들이 처음 남한에 오면 다들 과도하게 의료 지원을 요청한다고 했다. 거의 이틀에 한 번씩 병원에 간다는 것이다. 게다가 안 아픈 데가 없다고 호소한다고 한다. 그런데 정작 병원에 가서 검사를 하면 특별한 병명을 찾을 수 없다고 한다. 하지만 다음 날이면 또 아프다고 의료 지원을 요청한다는 것이다.

의사 선생님은 아무 이상이 없다고 하는데, 환자는 아파 죽겠다고 하고 의료 지원 실무자가 중간에서 힘이 들 만도 하다. 물론 의사 선생님도 무척 당황스러울 수 있을 것 같다. 아니 도대체 의학적으로 아무 문제가 없는데 왜 이리도 아프다는 걸까.

의사나 환자나 그리고 실무자까지 모두 미스터리 같은 일이라고 여길 만하다. 이건 꼭 한 기관에서만의 일이 아니었다. 전국 도처에 있는 의료 지원 민간협력 사업 실무자들을 만나보니 이런 일이 비일비재했다.

의구심이 가득했던 나는 북한 이탈 주민의 건강에 대해서 사회학적으로 연구해온 연세대 염유식 교수와 대화를 나눌 기회가 있었다. 염 교수는 내가 의문을 품고 있는 주제에 대해 나름의 답변을 제공했다. 병원을 옆집 드나들 듯 하던 북한 이탈 주민들이 내내 건강 문제를 호소하다가 남한에서 친한 친구 한 명이 생기는 순간 갑자기 아픈 데가 사라진다는 것이다.

무슨 말일까. 진정한 남한 친구가 하나 생기면 그들은 그때야 비로소 한국 사회에서 제대로 수용되었다는 느낌을 가지게 된 것 아닐까. '아, 나도 이제 드디어 한국 사회에 일원으로 받아들여지고 있구나.' 그전에 느낀 통증은 뭐란 말인가.

죽음의 사선을 뚫고 자유를 찾아온 이곳에서, 그들의 존재 가치는 북한에서보다 더 바닥이라고 여겼을 수 있다. 동족이지만 외국인보다도 못한 차별을 받기도 한다. 이방인 취급 정도가 아니라, 아예 투명 인간 취급을 받을 때도 많다. 이런 존재감의 가치가 바닥을 쳐 마음의 병이 신체 구석구석까지 침투했는지 모른다.

나는 북한 이탈 주민의 건강 문제가 단순히 꾀병이 아님을 아서 클라인만(Arthur Kleinman) 교수의 연구에서 발견했다. 하버드대학교에서 의료인류학을 가르치는 그는 『고난과 질병의 사회학적 기원(Social Origins of Distress and Disease)』이라는 책에서 의미 있는 비교를 한다. 그는 영어 단어 illness와 disease의 차이점을 설명한다. 일단 한국어 번역은 병(illness)과 질병(disease)으로 해보자. 클라인만은 인간의 병(illness)이란 자신의 현 상태와 별개로 사회적으로 자신이 생각하는 존재보다 훨씬 저급한 상태를 경험하는 것, 다시 말해 사회적 기능의 원하지 않는 변화를 경험하는 것이라고 정의한다. 그러므로 북한 이탈 주민들이 자유를 찾아 남한에 왔지만, 사회적으로 여전히 받아들여지지 않는 간극으로 인해 받는 고통은 병(illness)이다. 탈북에만 성공하면 남한 사회에 동족으로 기꺼이 받아들여지길 기대했고 수용될 줄 알았는데 사회적으로 여전히 무시당하는 경험이 쌓이면 바로 병이 된다.

　　그렇다면 클라인만이 이야기하는 질병(disease)은 무엇일까. 질병은 현대의학이 과학적인 패러다임을 가지고 진단한 신체 기능의 이상(disorder)이다. 이런 차이에 유의하여 볼 때 의사는 질병을 진단하고 치료하지만, 여전히 환자는 병(illness)으로 고통받을 수 있다는 것이다. 결국 북한 이탈 주민에게서 의학적인 질병(disease)은 발견되지 않지만, 그들이 여전히 병(illness)으로 고통 받을 수 있다는 현실을 클라인만은 잘 설명하고 있다.

결국 클라인만은 고난이야말로 '질병 없는 병(illness without disease)'이라고 말하고 있다. 우리 인간은 때때로 의학적인 이상이 전혀 없는데도 가슴이 아플 수 있다. 왜 우리 주변에 의학적인 이상이 없는데도 가슴이 아픈 사람이 이리도 많은지 그 이유를 잘 설명해주는 정의 아닌가. 북한 이탈 주민들과 같이 우리 사회에 신체의 질병은 없다 해도 마음에는 큰 병을 안고 사는 사람이 참 많다는 점을 기억하자.

용광로와 샐러드 보울

'질병 없는 병'을 가진 이들을 치유하기 위해서 가장 중요한 조건을 말하라면 나는 단연코 이 수용의 방식을 꼽고 싶다. 자신도 남들처럼 모두가 속해 있는 사회 공동체의 당당한 일원으로 받아들여질 때 우리는 가장 확실하게 힐링을 경험한다. 여러분의 주위를 돌아보라. 혹시 가정 안에 있어도 특정 조건이 충족되어야 수용된다고 믿는 구성원은 없는지. 혹은 우리 사회에 수용되지 못해서 질병 없는 마음의 병을 앓고 있는 사람은 없는가. 그런 사람들을 조건을 달지 말고 있는 그대로 수용할 수 있어야 한다. 그래야 우리 사회가 서서히 힐링 사회로 변화하게 될 것이기 때문이다.

그런데 이 수용의 방식을 취할 때 주의할 점이 있다. 상대방은 있는 모습 그대로 받아들이는 것이 관건인데, 때로는 자칫 상대방을 수용해준다는 미명 아래 상대방의 존재 가치를 다시금 나의 기준에 맞추려는 경우가 종종 발생할 수 있다.

결혼을 통해서 한국으로 이주하는 여성이 많아지면서 정부에서는 다양한 다문화가정 지원 프로그램을 마련하고 있다. 초기에는 어떤 지원 프로그램이 많았을까. 당연히 정착 지원 프로그램이다. 한국어 강의, 김치 담그는 법, 제사 드리는 법 등을 알려주는 프로그램이 주를 이루었다. 그러니까 이런 수용의 방식이 흔히 이민정책 중에서 동화를 목표한 용광로(melting pot) 정책에 더 잘 어울린다고 생각할 수도 있다. 용광로 안으로 들어오면 다 하나로 녹아서 한데 섞이는 원리다. 동화되어야 한국 사람으로 수용된다. 결국 김치를 담글 줄 알아야 한국 사람이고, 제사를 지낼 줄 알아야 한국 사람으로 받아줄 수 있다는 기준을 제시하는 꼴이다.

하지만 김치 담그는 법이 가장 중요하다고 우기는 듯한 이런 정착 지원 프로그램은 수용의 방식을 제대로 활용한 것이라 볼 수 없다. 오히려 결혼이주민은 그래야만 한국 사람으로 수용된다는 복선이 깔려 있는 프로그램이라고 오해할 수 있다. 어쩌면 이 수용의 방식이 제대로 작동하려면 결혼이주민이 가지고 있는 고유문화의 장점과 특색을 충분히 인정하고, 그냥 있는 모습 그대로 받아들이는 샐러드 보울(salad bowl) 정책이 수용의 방식에 더 적절한 것일 수 있다.

다양한 이주 배경을 가진 다문화가정의 자녀들이 있다. 이들에게 모국어는 어떤 언어일까? 당연히 한국 사람이니까 한국어라고 답할 수 있다. 물론 결혼이주여성 엄마도 귀화했고 이제 한국 사람이니까 한국어가 모국어라고 답해도 된다. 특히 그 아이의 할머니, 할아버지는 강하게 주장할 것이다. 손주의 모국어는 한국어라고 말이다.

그래서 결혼이주여성 엄마들에게 시부모들은 자녀와 한국어로 대화하라고 강요하는 경우가 많다. 며느리가 베트남 여성인데 아이한테 베트남 말을 쓰지 말라고 한다. 이유를 물으면 아이가 한국말을 못할까 봐서란다. 굳이 아이와 그 서툰 한국말로 대화하게 하는 이유를 모르겠다. 이것이 과연 바람직한 일일까. 엄마도 힘들고 아이 역시 한국말을 제대로 못하는 엄마와 대화하기가 점점 어려워진다.

모국어란 단어의 속뜻을 생각해보자. 영어로 모국어를 '엄마의 혀(mother tongue)'라고 한다. 왜 그런 말을 쓰는 걸까. 모국어라는 건 태어날 때부터 엄마와 함께한 유아기의 경험, 즉 우리가 초기 대상과의 친밀했던 경험을 나눌 수 있는 언어라는 뜻이다. 그래서 모국어는 엄마의 혀처럼 느끼는 언어다.

엄마가 쓸 수 있는 엄마의 언어로 아이가 대화하고 경험을 나눌 수 있어야 한다. 이상하게도 한국의 결혼이주 여성의 가정에서는 그런 것을 허용하지 않는다. 자녀가 한국인이니까 무조건 엄마와도 한국말만 써야 된다고 믿는다면 큰 오산이다. 다문화 배경을 가진 가정의 자녀들이 자신의 이주민 엄마가 쓰는 베트남어, 미얀마어, 중국어를 쓰는 것은 너무도 중요하다. 그래야 엄마와의 언어적인 경험뿐만 아니라 정서적인 경험에서도 충분히 수용감을 경험할 수 있다. 다문화 배경을 가진 아이들이 자신의 부모에 대한 자부심과 다중 언어를 할 줄 아는 자신에 대한 자부심을 가질 수 있도록 해야 한다. 우리 모두가 다문화 사회의 재원을 있는 모습 그대로 수용하는 사회가 된다면 얼마나 좋을까.

미국 오바마 대통령이 이주가정의 자녀였던 것처럼, 한국의 이주가정의 자녀들이 다양한 분야에서 대한민국 최고위 지도자가 되는 모습을 상상해본다. 이런 상상이 현실이 되는 날, 그땐 정말 모두가 있는 그대로 받아들여지는, 그래서 삶 자체가 힐링이 되는 사회가 될 것이다.

lamentation

05

괜찮아, 그냥
울어도 돼

'슬픔'이란 감정의 반전

아이는 물론 성인에게도 힐링을 선사하는 만화영화가 많다. 그중 내가 꼽는 최고의 만화영화는 단연코 〈인사이드 아웃〉(2015, 디즈니픽사)이다. 제목이 말하는 바와 같이 우리 마음속에서 일어나는 일을 밖으로 드러내서 보여주는 영화다. 그래서 등장인물이 모두 다 우리 마음속 감정들이다.

영화에는 다섯 가지 감정이 의인화해서 등장하는데, 마치 우리 안에 있는 또 다른 나처럼 느끼고 행동한다. 이들의 이름은 기쁨(joy), 버럭(anger), 까칠(disgust), 소심(fear), 그리고 슬픔(sadness)이다. 이 중 사람들에게 힐링을 주는 좋은 감정은 어떤 것일까? 누구나 당연히 쾌감과 가장 가까운 감정인 기쁨을 꼽을 것이다. 그래서인지 영화에서도 기쁨이 감정 세계의 주인공 같다.

기쁨은 처음부터 다섯 감정 중 반장 노릇을 한다. 혼자 잘난 척하는 건 기본이고 나머지 감정에게 잔소리를 퍼붓기도 한다. 사실 나머지 감정은 우리가 별로 좋은 감정이라고 여기지 않는 것들이다. 까칠, 소심, 버럭, 그리고 슬픔까지. 이 영화를 보면 혼자 나대는 기쁨과는 대조적으로 제일 맥을 못 추고 뒤에 숨어 있는 듯한 인물이 등장하는데 그게 바로 슬픔이다.

이들의 주인인 꼬마 라일리는 이사를 온 후 새로운 환경에 적응 중인 상태이다. 그래서 그 어느 때보다 라일리의 다섯 감정은 바쁘게 움직인다. 그러다 우연한 실수로 기쁨과 슬픔이 감정 콘트롤 본부를 이탈하게 되자 라일리의 마음속에 큰 변화가 일어났다. 갑자기 버럭이 주인공 행세를 한다. 영화는 분노로 가득 찬 라일리가 예전의 모습을 되찾을 수 있도록 기쁨과 슬픔이 본부로 귀환하면서 겪는 험난한 여정을 그리고 있다.

머릿속 세계에서 길을 잃은 기쁨은 당연히 자신이 돌아가야만 라일리가 행복을 되찾을 것이라고 확신한다.

그런데 영화 막바지에 반전이 일어난다. 늘 기죽어 살아오던 슬픔의 위상이 바뀌는 것이다. 처음에는 영화에서 거의 엑스트라처럼 숨어 있는 역할이었는데, 이제 슬픔이 라일리에게 힐링을 선사하는 주연으로 등극하는 것이 이 영화의 결말이다.

결국 이 영화는 우리 모두 떨쳐버리고 싶어하는, 나쁜 감정이라고까지 여기는 슬픔(sadness)의 반전 스토리라 할 수 있다. 혹시 아직 보지 못했다면 꼭 한번 찾아보기를 권한다. 이 영화에서처럼 여러분도 슬픔이 우리에게 그렇게 중요한 감정이라고 여기는지 묻고 싶다.

그동안 열심히 이 책을 읽어온 독자라면 어쩌면 그렇다고 답할 수도 있으리라. 누군가와 함께 슬픔의 느낌을 나누는 애도(lamentation), 즉 슬픔을 수용하는 과정이 힐링의 한 방편이 될 수도 있으리라는 것을 이미 알아챘을 것이다.

영화 〈굿 윌 헌팅〉을 돌이켜보면, 그때 이미 우리는 애도의 한 모습을 보았다. 영화의 클라이맥스에서 윌과 맥과이어 교수가 서로 부둥켜안았다. 홀딩이다. 그리고 공

감을 통해 꽁꽁 숨겨놓았던 윌의 바닥 끝 감정인 수치심을 밖으로 끌어내었다. 그리고 나서는 두 사람에게 어떤 일이 있어났는가. 윌이 맥과이어 교수를 부둥켜안고 펑펑 울었던 것이다.

누구와도 나눌 수 없었던 감정인 슬픔을 주인공 윌이 안전하게 토로할 수 있게 해주는 치유자의 충분한 애도가 힐링을 완성했다. 그런데 두 사람이 함께 나눈 이 애도가 처음부터 쉽게 가능했던 건 결코 아니다.

맥과이어 교수 외에 다른 심리치료사들 누구도 윌과의 만남에서 이 애도를 사용할 수는 없었다. 오직 맥과이어 교수만이 애도의 사용이 가능했다. 그래서 상대를 치유로 이끄는 애도를 위한 구체적인 조건들을 우리가 좀 면밀하게 살펴볼 필요가 있다.

'염'과 '뷰잉'

예로부터 우리 민족은 애도의 중요성을 잘 아는 민족이었을까. 아니면 그렇지 못한 민족이었을까. 나는 전자라고 확신한다. 누가 언제 알려주었는지 알 수 없으나, 한국인들은 처음부터 애도의 필요성을 아주 잘 아는 민족이었던 것 같다. 그걸 어떻게 아느냐고 궁금할 것이다. 우리의 전통 장례문화를 떠올려보자.

젊은 세대는 우리 전통 장례문화에 대한 이해가 부족할 수 있다. 그렇다면 임권택 감독의 영화 〈축제〉(1996)를 한번 감상하길 권한다. 아마 오십 대만 하더라도 다 기억할 만한 장례식장의 모습이 있다. 문상객이 함께 곡을 하는 장면이다. 심지어 시골에 가면 장례식장에서 곡을 전문으로 하는 사람이 따로 있었다.

"아이고, 아이고!" 이렇게 선창을 하면 문상객도 "아이고, 아이고!" 하면서 따라 우는 것은 우리네 장례식장의 일반적인 풍경이었다. 일부러 울음을 조장하는 그 이유가 무엇일까. 유족이 슬픔을 꾹 눌러서 참기보다는 자연스럽게 곡을 하는 여러 문상객과 함께 슬픔을 담지 말고 쏟아내도록 허용하는 문화가 우리 안에 자리 잡고 있었던 것은 아닐까.

안전하게 울 수 있는 환경을 조성하는 문화, 이것이

바로 우리 조상들의 장례 문화였다. 여기서 한번 우리 장
례문화와 미국의 장례문화를 비교해보자.

　　나는 유학 시절 박사학위 과정 중 한국과 미국의 장
례문화를 비교하는 연구를 진행한 적이 있다. 공부를 하면
서 선조들이 전통 장례문화 안에 심리적인 애도 과정을 치
밀하게 기획한 것 같은 느낌마저 들어 소스라치게 놀랄 정
도였다.

　　내가 처음 미국의 장례를 접했을 때의 일이다. 일
단 장례식장에 가면 문상객이 조문하는 일을 통상 '웨이크
(wake)'라고 부른다. 다른 말로는 돌아가신 분의 유족도 문
상하고, 시신을 바라보고 마지막 작별을 하는 절차이기에
'뷰잉(viewing)'이라고도 한다. 나는 생전 처음으로 '뷰잉'에
참여하게 되었다. 한국에서와 마찬가지로 여러 일가친척
과 친지가 문상을 했다.

　　그런데 뷰잉을 처음 경험한 나는 일종의 문화충격
같은 기이한 느낌을 받았다. 20도 각도 정도로 상체 부분
이 올라오게 만든 관에 누워 있는 망자는 깔끔한 평상복을
입고 있었다. 남자 같으면 주로 양복을 입고 있거나 평소

에 제일 좋아한 옷을 입고 있다. 망자의 얼굴을 보면 너무 환하다. 진한 메이크업을 했기 때문이다. 평생 메이크업을 안 해본 남성이라도 미국에서 사망하면 사망 직후 생전 처음으로 메이크업을 하게 된다.

문상객들은 메이크업까지 하고 있는 망자의 바로 앞까지 다가가서 인사를 한다. 그런데 관의 각도를 문상객과 눈 맞춤 하기 좋도록 올려놓은 상태여서 누워 있는 망자가 마치 아직도 살아있는 듯한 느낌마저 준다.

망자 앞에서 어떻게 해야 하는지 물었더니 미국인 친구가 크리스천이라면 망자에게 인사를 한 후, 눈을 감고 기도를 하면 된다고 알려주었다. 지침대로 나도 기도를 하려고 눈을 감았는데, 기도는 안 되고 가슴이 심하게 두근거렸다. 누워 있는 모습이 너무 살아 있는 모습 같아서 갑자기 망자가 벌떡 일어날 것 같았기 때문이다. 이래서 '뷰잉'을 미국 사람들은 '웨이크'라고 하는가 싶은 생각도 들었다.

그럼 우리나라는 어떠한가? 우리나라는 평상복을 입고 장례를 치르는 경우는 거의 없다. 망자가 입는 수의

가 따로 있다. 수의를 입고 있다면 그 사람은 더 이상 이 세상 사람이 아니다. 사망 사실의 확실한 상징이다. 우리 전통문화에서는 미국의 메이크업과는 대조적으로 염이라는 의식을 한다.

염이란 장례전문가가 시신을 수의로 갈아입히고 베나 이불 따위로 시신을 꽁꽁 묶는 것을 말한다. 살아 있는 사람을 그렇게 묶는 일은 절대로 없다. 이때 보통 꽉 묶는 것이 아니다. 염을 할 때면 가족이 모두 입실하는데, 그 염하는 장면을 보면 제아무리 울음을 참으려고 해도 참을 수가 없다. 염 역시 사망의 확실한 증표다.

나는 한국의 장례문화에서 유족에게 확실하게 죽음을 받아들이도록 하는 의도가 담긴 의식이 바로 염이라고 생각한다. 혹여 염을 하는 모습을 본 적이 있는가. 그렇다면 염의 맨 마지막 순서가 어떤 과정인지 기억나는가. 맨 마지막에는 봉지처럼 생긴 천을 돌아가신 분의 얼굴에 덮어씌워서 목에 꽉 끈을 묶는다. 이 순간을 맞닥뜨리게 되면 유족은 통곡을 넘어 쓰러질 수밖에 없다. 그 마지막 목에 끈을 조여 묶는 순간, 마치 막아두었던 봇물이 터지듯 울음을 터트릴 수밖에 없다. 여전히 살아있는 것같이, 금방이라도 일어날 것같이 꾸미고 망자와 이별하는 미국의 모습과는 너무도 다르다.

우리의 장례문화는 죽음을 확실하게 수용하도록 하는 많은 절차를 마련하고 있다. 우리 조상들은 죽음을 받아들이는 것은 너무도 아프지만 그래도 함께 슬픔을 나누는 애도의 시간이 자연스러운 치유를 향한 아주 필수적인 조건이라는 것을 이미 알았던 것이 아닐까.

애도의 필수 조건

『인생 수업』의 저자로 알려진 엘리자베스 퀴블러-로스 (Elisabeth Kübler-Ross)는 사랑하는 사람의 죽음을 접한 유가족이 어떻게 애도하는지, 그 애도 과정을 연구한 정신의학과 교수다. 그가 소개한 애도 과정의 단계 연구는 이 후 애도를 연구하는 학자들에게 중요한 골격을 제공했다.

사랑하는 사람을 죽음으로 잃게 되면 대부분 처음에는 심한 분노를 일으킨다. 어떻게 자신에게 이런 일이 일어났는지 받아들이지 못한다. 죽음을 인정하지 못하는 것이다. 예전에 우리 선조들이 부모보다 자녀가 먼저 사망한 경우 몰래 장사 지내고, 아이 엄마에게는 무덤 위치를 알려주지 않았다고 한다. 이유는 죽은 아이의 엄마가 죽음의 현실을 부정할 수 있기 때문이다. 무덤 위치를 알면 어느 날 자신의 아이가 숨이 막힌다며 묘지를 파헤치는 경우도 있다. 내 아이가 아직 죽지 않았다고 우길 수도 있다. 예상치 못한 죽음을 경험하면 유가족에게는 이렇게 죽음을 인정하지 않고 부정하는 단계가 진행될 수 있다.

죽음을 인정하지 못하는 단계가 한동안 진행되다가 결국 타협점을 찾는다. 그러다가 이제는 마음의 바닥끝까지 떨어지는 경험을 하게 된다. 한동안 우울감을 느끼는 단계를 지나서 맨 마지막에 가서야 마침내 죽음을 수용하는 단계에 이른다는 것이 퀴블러-로스의 단계 이론이다. 물론 애도 연구자들이 이런 애도의 과정을 모든 유가족이 필수적으로 경험한다고 보지는 않는다. 보다 중요한 것은 누구에게나 죽음을 수용하는 애도의 과정은 멀고도 험하다는 사실이다.

앞서 수용을 위해서는 비(非)판단적인 태도가 중요
하다고 했다. 우리가 정말 받아들이기 어려운 죽음을 받아
들이기 위해서도 마찬가지인 것 같다. 누구나 사랑하는 사
람의 갑작스런 죽음을 맞게 되면 쉽사리 받아들이기 힘들
게 마련이다. 본인은 물론 유가족도 죽음을 곧 인생이 끝
장나는 것이라고 부정적으로 여기기 때문이다. 죽음은 무
조건 나쁜 것이라 부정하고 피하기만 할 것이 아니라, 죽
음을 맞이하는 방법에 대한 새로운 시각이 필요하다. 최근
웰다잉(well dying)이란 개념이 등장한 이유이기도 하다. 죽
음을 보다 자연스럽게 수용하고 건강한 애도가 가능하도록
돕는 일이 지금 우리 문화에도 서서히 생겨나고 있다.

비극적인 사고로 자녀를 잃은 부모를 떠올려보라.
부모가 자녀의 죽음을 수용하는 방식은 그저 죽음을 부정
하지 않고 사실을 인정하는 것만이 아니다. 자신의 자녀
같은 또 다른 희생자가 나오지 않는 세상을 만들기 위해 지
속적으로 애쓰는 부모들이 있다. 이들은 여전히 길고 긴
애도의 과정을 밟고 있는 중이다.

2014년 세월호 참사가 발생한 지 약 한 달이 지날

때쯤의 일이다. 한 방송사의 추모 프로그램에 패널로 출연한 적이 있다. 나는 극적으로 구출된 단원고등학교 생존 학생들이 반드시 거쳐야 할 애도 과정에 대해서 언급했다. 당시 생존 학생들은 모두 의료진의 보호 아래서 외부 출입이 철저하게 통제되고 있었다. 한 달 전만 해도 한 교실에서 웃고 뛰놀던 친구들이 사고로 싸늘한 시체가 되어서 돌아왔다. 생존 학생들의 건강한 애도 과정이 절대적으로 필요한 상황이었다.

안산에 희생자들과 사망한 학생들을 위한 합동분향소가 차려졌다. 전국에서 많은 국민이 이곳으로 찾아와서 애도했다. 그런데 정작 이 생존 학생들의 분향소 방문은 허락되지 않았다. 아마 이 학생들이 극심한 스트레스를 이기지 못해서 더 큰 불상사가 생길까 봐 내려진 조치였다고 이해할 만하다. 우리 선조들이 자식을 잃은 부모에게 아이의 산소를 알려주지 않았던 이유와 비슷한 마음이었는지 모르겠다.

하지만 누구보다도 더 큰 소리를 내어 울어야 할 이들이 바로 생존한 친구들이 아닐까. 이들이 마음 놓고 울 수 있는 안전한 환경을 만들어야 하는 것이 의료진의 역할 일 수도 있다. 그리고 난 그것이 국가의 몫이라고 생각했다. 다행히 함께 출연한 정신의학과 교수도 나와 비슷한 의견을 피력했고 며칠 뒤 생존 학생들의 분향소 방문이 허락되었다.

물론 무조건 우는 것이 대수는 아니다. 여기서 중요한 질문 하나를 던져야 한다. 구체적으로 어떤 조건이 갖추어져야 우리는 치유를 달성할 수 있을까.

김연아 선수가 눈물을 흘린 이유

세상에 갓 태어난 아이의 울음에 대해서 언급한 적이 있다. 이는 슬픔의 울음이라기보다는 공포감과 공기 중 호흡을 가다듬는 울음이라고 추측했다. 성인의 울음은 어떠한가. 우리는 보통 사랑하는 사람을 잃었을 때와 같이 슬플 때 울음을 터뜨린다. 그런데 가끔은 감격과 기쁨의 울음을 터뜨릴 때도 있지 않은가? 영화 〈인사이드아웃〉에서도 슬픔과 기쁨은 매우 다른 캐릭터로 등장하는 반대 감정들 아닌가. 너무 슬퍼도 울고, 너무 기뻐도 울 수 있다. 내면의 어떤 역동이 작용하기에 그런 걸까. 여기에 적절히 답을 준 임상가가 있다. 샌프란시스코 정신분석연구소를 만든 조셉 와이즈(Joseph Weiss)다.

와이즈는 1952년에 발표한 짧은 글 한 편으로 인해 울음의 정신역동에 대한 이론가로 주목받았다. 그가 쓴 글의 제목은 「해피엔딩에서의 울음(Crying at the Happy Ending)」이다. 와이즈는 어린 시절 자신의 할머니가 아주 비극적인 영화를 보는데, 중간 중간 슬플 때는 울지 않고 눈물을 꾹꾹 참고 있음을 발견했다. 그러다가 영화가 결국 해피엔딩으로 끝이 나고 엔딩 자막이 올라가자 그때서야 할머니는 안도감을 느끼면서 눈물을 훔치던 장면을 기억했다. 그리고 그 장면을 분석하는 논문을 쓴 것이다. 결국 와이즈는 이런 결론을 내렸다. 인간의 울음은 '안전감의 조건(conditions of safety)'이 갖춰질 때 비로소 제대로 터져 나온다는 것이다.

2010년 김연아 선수가 동계올림픽에서 금메달을 땄던 장면을 떠올려보라. 맨 마지막 거의 무결점의 연기를 끝마쳤을 때, 우레와 같은 박수가 터져 나오고 관중석으로부터 수많은 인형 세례가 퍼부어졌다. 그 순간 김연아 선수가 갑자기 펑펑 울면서 라커로 돌아오는 장면이 방송을 탔다.

당시 중계방송을 하던 아나운서가 강철 심장 김연아 선수도 울음을 터트렸다고 외쳤다. 가만 생각해보면 울음을 터뜨린 때는 아직 금메달을 획득하기 전이다. 그런데 왜 운 걸까. 벌써 감격의 눈물을 흘렸을 것 같지는 않은데 말이다. 김연아 선수도 나중에 방송 인터뷰에서 자신이 왜 울었는지 모르겠다고 고백하기도 했다.

와이즈가 제시한 울음의 정신역동 이론에 근거해서 설명하면 답이 나온다. 김연아 선수가 미리 금메달 획득을 예측하고 기쁨과 감격에 겨워 울음을 터뜨린 것은 분명 아니었다. 이제 모든 것이 끝이 났다. 자신이 금메달을 딸 수 있을지 없을지는 그리 중요하지 않았을 것이다. 그의 울음은 마음속 안전감의 조건이 충족되었기에 자신도 모르게 터져 나왔던 것이다.

와이즈의 할머니처럼 김연아 선수 역시 그간 정작

울고 싶을 때는 울음을 터뜨리지 못했다. 아직 끝이 나지 않았기 때문이다. 아직 안전한 환경이 아니었던 것이다. 온 국민이 김연아 선수가 금메달을 딸 것이라고 믿고 기대했다. 대한민국의 희망이었지만, 그녀에게는 엄청난 짐이기도 했으리라. 울고 싶었겠지만, 오히려 더 꽁꽁 마음을 졸라 맺는지도 모른다.

이것이 와이즈가 설명한 '안전감의 조건'이다. 보통 우는 아이에게 왜 우냐고 따져 묻는 경우가 많다. 울지 말라고 핀잔을 주는 일도 다반사다. "네가 아기야? 왜 울어! 네가 아기냐고!" 그런데 가만 살펴보면 아직 세 살밖에 안 된 아이다.

가족이 내 앞에서 눈물을 흘릴 수 있다면 우리 가정은 그래도 안전한 환경이라는 의미다. 내 막내아들이 유치원 때 일이다. 유치원에서 아버지와 함께하는 등산 야유회가 열리니 꼭 참석하라고 연락이 왔다. 몇 주 전부터 아내가 내게 일정을 빼놓으라고 신신당부했다. 화창한 토요일 나는 아들과 함께 야유회에 참석했다. 알고 보니 아버지만 오는 것이 아니라, 아버지를 꼭 포함한 온 가족이 함께

하는 등산 야유회였다. 우리만 빼놓고는 모두가 온 가족이 참석한 눈치여서 아내와 딸에게 급히 전화를 걸었다. 하지만 다른 일정이 있다고 아들과 단둘이서 재미있게 놀다 오라고 했다. 아들 눈치를 보니 약간 풀이 죽어 보였다. 아빠 혼자서라도 나머지 식구 몫까지 하리라 마음먹고 힘 빠진 아들의 손을 끌어당겼다.

그런데 프로그램 내용을 보니 온 가족이 다 와야 유리한 게임이 많았다. 산에 올라가면서 여러 군데 경유 지점이 있었는데, 그곳에서는 가족이 함께 하는 프로젝트를 하도록 되어 있었다. 근처 솔방울을 모아서 집을 만들어야 하는 지점도 있고, 주위 낙엽을 모아서 그림을 그려야 하는 코너도 있었다. 서너 명이 같이 하면 금방 할 텐데, 아들마저 돌아다니기만 하고 전혀 도움을 주지 않았다. 나 혼자 끙끙대면서 경유 지점을 열심히 통과하고 있었다.

아예 아들은 아빠 혼자 하라면서 친구들과 산중턱 종착 지점을 향해 먼저 올라가버렸다. 나는 혼자서 네 명 몫을 하면서 드디어 마지막 경유지를 거쳐서 종착 지점에 도착했다. 그런데 종착 지점에 있어야 할 아들의 모습이 오간 데 없었다. 아까 아들과 함께 올라갔던 친구들을 만나 물었더니, 다들 가족과 작업하느라 얼마 못 가서 아들과 헤어졌다고 했다.

　아무리 둘러봐도 아들은 보이지 않았다. 식은땀이 흘렀다. 눈앞이 캄캄했다. 혼비백산해서 아들을 찾아 나섰다. 산중턱 한가운데 팔각정이 한 채 있었다. 그 위에 아들의 유치원 선생님이 서 있는 것이 보였다. 우리 아들을 못 봤냐고 물었더니 선생님은 팔각정 안에 있다는 수신호를 보냈다. 갑자기 온몸에 힘이 빠지고 다리가 풀렸다. 함박웃음을 지으면서 선생님은 내게 팔각정 위로 올라오라는 손짓을 했다. 선생님이 왜 자꾸 재미있어 하면서 나에게 올라오라고 하는지 의아했다.

　팔각정 계단을 올라 정자 안을 들여다보았다. 창을 가르치는 국악 선생님이 유치원생들과 부모들과 어울려 뱃노래를 부르고 있었다. 장구를 치면서 "어기야 디야" 선창을 하시면 사람들이 따라 하는 것 같았다. 그런데 국악 선생님 바로 앞에서 제일 열심히 따라 부르는 꼬마가 보였다. 그렇게 찾았던 아들이다. 아들은 땀까지 흘리면서 뱃

노래에 몰두하고 있었다.

아들이 무언가에 그렇게 집중하는 모습을 처음 본 것 같아 신기하게 잠시 쳐다보고 있었다. 그때 아들이 뒤를 살짝 돌아보았다. 그러더니 내 모습을 보자마자 이내 울음보가 터져버렸다. "아빠!" 외마디 비명처럼 지르고 울음을 터뜨리는데, 소리가 어찌나 큰지 함께 노래를 부르던 모든 사람이 놀라 넘어질 지경이었다.

놀란 선생님이 먼저 달려가서 아들을 번쩍 안았다. "괜찮아, 괜찮아! 너 아빠한테 혼날까 봐 그러는구나? 걱정 마! 아빠가 안 혼내실 거야!" 선생님은 아들을 달래서 데리고 나왔다. 아빠를 버리고 혼자 헤매고 다닌 말썽꾸러기 아들을 어찌 해야 할까.

"울지 마! 뭘 잘했다고 울어! 누가 그렇게 혼자 싸돌아다니래? 아빠도 얼마나 놀랐는지 알아?" 이렇게 혼내고 싶은 마음도 있었지만, 그때 조셉 와이즈 생각이 났다. 아들은 노래를 부르고 싶어서 그토록 열심히 부른 것이 아닌 것 같았다. 아빠를 못 찾아 너무 무섭고 울고 싶은데, 울지도 못하고 뱃노래로 긴장을 달래고 있었는지 모른다. 그런데 드디어 눈앞에 아빠가 등장했다. 아빠에게 혼날까 봐 지레 울어댄 것이 아니다. 그저 해피엔딩이라 아들은 드디어 폭발하듯 울 수 있었다. 나는 아들을 꼭 껴안고 이렇게 속삭였다. "아빠가 미안해. 정말 미안해. 아빠가 코너마다 과제를 너무 열심히 하느라고 너를 놓쳤어. 아빠가 빨리 널 따라 갔어야 되는데, 우리 아들 많이 무서웠지?" 아들은 더 큰 소리로 울어댔다. 지켜보는 사람들은 마치 남북 이산가족 상봉 장면을 보는 줄 착각했을지 모른다.

　남의 눈을 의식하지 않고 나는 아들이 울음을 그칠 때까지 한참을 부둥켜안고 있었다. 이 순간을 가만히 살펴보면 우리가 이 책을 통해 만나고 있는 마음 돌봄의 기술이 모조리 등장하고 있다. 우리를 지레 판단하지 않고(epoché), 수용해주며(acceptance), 그리고 공감해주는(empathy) 치유자를 만날 때 가장 확실한 안전감의 조건이 충족될 수 있는 것이다.

애도 상담

우리 사회에는 안전한 공간이 없어서 마음 놓고 울 수 없는 사람이 너무도 많다. 그런 분이 꼭 찾아가야 할 곳이 바로 심리상담사가 서비스를 제공하는 전문상담센터다. 약간 과장해서 이야기한다면, 내가 생각하는 모든 상담은 애도 상담이라고 할 수 있을 것 같다. 꼭 사랑하는 사람을 죽음으로 잃었을 때만 애도가 필요한 것이 아니기 때문이다. 펫 로스(pet loss), 그러니까 반려동물을 잃었을 때도 전문적인 애도가 필요하다. 죽음이 아니더라도 부부관계나 연인 관계를 상실했을 때도 마찬가지이다. 때로는 우리가 어린 시절에 경험한 아주 부정적인 기억의 치유를 위해서도, 잊고 싶은 트라우마나 심리적인 외상이 있을 때도 애도 상담이 필요하다. 하지만 퀴블러-로스가 지적한 것처럼 상담 서비스 중에도 처음부터 애도가 쉽게 이루어지는 것은 아니다.

　　부정적인 기억이나 상처만 생각하면, 왜 내가 이런 일을 겪어야 되는지, 왜 내게 이런 일이 일어난 건지 화부터 날 수 있다. 자꾸만 그냥 회피하고 싶어질 수 있다. 없었던 관계라고 부정하고 싶어진다. 그렇다고 잊고 망각하는 게 능사는 아니다. 그런 아픈 기억과 외상의 상처는 저절로 없어지지 않는다. 전문적인 상담 서비스를 통해서 길고 긴 애도의 과정을 거칠 때 비로소 내담자가 상실도 자신의 일부로 수용하고 받아들일 수 있게 되는 치유를 경험하게 된다.

이는 상담사에게 부정적인 평가를 받을 것이라는 의심이나 불안이 있으면 결코 일어날 수 없는 변화다. 누구나 자신의 부정적인 기억과 상처를 꺼내놓고 누군가에게 온전하게 공감을 받을 수 있을 때 진정한 애도가 시작된다. 결국 우리는 그런 기억과 상처를 잊어버리는 것이 아니라 상담사와 함께 아파하고 슬퍼할 수 있게 되는 것이다.

그러면 마음에 흔적과 자국은 남을지라도 기억과 상처를 있는 그대로 수용할 수 있게 된다. 혹시 주위에 관계를 상실해서 어려움을 겪는 이가 있는지 한번 떠올려보라. 사랑하는 사람과 헤어졌다든지, 이혼을 결심했다든지 하는 이가 있을 수도 있다. 그런 이들을 마주할 때 그동안은 어떻게 위로해왔는가. "이젠 그딴 남친/여친 기억에서 완전히 걷어내버려! 그리고 새 출발하는 거야!" 보통 이렇게 해오지 않았는가. 이제는 이렇게 덮어놓고 잊어버리라고 하는 것은 일어난 일을 부정하는 것일 뿐 진정한 치유를 위한 위로가 될 수 없다는 사실을 기억하라.

아파하는 친구와 함께 관계가 끊어진 그의 옛 친구를 같이 욕하면서 공격하는 것도 절대 힐링으로 이끌 수 없다는 점을 알아야 한다. 결국 잃어버린 관계는 누군가와 함께 아파하고 슬퍼해야 할 기억이지, 깡그리 없애버릴 기억이 아니기 때문이다. 차라리 이렇게 이야기해보자. "그 사람과 기억도 많았고 추억도 참 많았을 텐데 헤어지게 됐으니 얼마나 마음이 아플까? 그와의 기억이 나쁜 기억이든 또 좋은 기억이든 누군가와는 나누고 싶을 때가 있을 것 같아. 그럼 그때는 나를 기억해. 내가 다 들어줄게."

이렇게 말했더니 그 친구가 과거사에 대해 이야기를 조금씩 꺼내기 시작했다고 가정해보라. 그러다가 결국 눈물을 흘린다. 그럼 어떻게 할까? "야! 뭐 그딴 자식 때문에 눈물을 흘려! 그러지 말라니깐!" 이러면 안 된다. 그러면 어떻게 하란 말인가. 그냥 말없이 꼭 안아주면 된다. 우리 모두 생애 최초로 배웠던 홀딩을 잊지 말자! 그래도 여러분이 전문적인 심리상담사인 것처럼 한마디 더 하고 싶다면, 이렇게 해보라. "그래, 이해해. 울고 싶으면 실컷 울어." 친구가 당신과 함께하는 공간을 안전하게 느낀다면 바로 애도가 작동될 수 있다.

가족 구성원 누군가와 함께 부둥켜안고 울었던 기억이 없다면 아직 그 사람은 치유의 애도를 경험하지 못한 것이다. 결혼을 했다면 혹시 배우자 앞에서 울음을 터뜨린 적이 있는지 기억해보라. 언제 부부가 서로 부둥켜안고 운 적이 있었는지.

나는 부부를 대상으로 하는 세미나나 힐링 캠프에서 강연을 하게 될 때면 반드시 하는 질문이 있다. 남편은 아내 앞에서, 아내는 남편 앞에서 눈물을 흘리다가 울음을 터뜨린 적이 있는지 묻는다. 그러면 보통 남자는 그 질문 자체를 이해하지 못하는 경우가 많다. "왜 울어요? 싸우다가 우는 것 말고요?" 남자는 혹시라도 울음을 터뜨릴 일이 있다면 아파트 옥상이나 아무도 없는 곳에 가서 해야 된다고 굳게 믿는다. 아내도 마찬가지다. 울고 싶으면 일부러 슬픈 영화를 찾아보든지 아니면 부엌으로 가서 양파를 썰면서 혼자 운다. 그래도 가족인데 이런 것이 정상적인 일일까?

그냥 울어도 돼

신혼 때 아내와 같이 TV 드라마를 보면 감성파 아내는 눈물을 많이 흘렸다. 아내는 본인이 눈물을 흘리면 옆에 앉은 남편이 휴지라도 한 장 뽑아주면서 어깨를 감싸 안고 위로해주길 기대했는지 모르겠다. 그런데 옆에 앉아 있는 남편은 도무지 미동도 없다. 한참을 아내가 혼자 울다가 나를 쳐다볼 때면 나는 드라마에 취해 거의 기절 일보 직전이다. 아예 나는 입을 틀어막고 눈물을 흘리고 있었다. 그런 경험을 몇 번 하고 나니 아내는 나오는 드라마를 보기가 싫다고 선언했다. 여느 남편답게 좀 기대서 울 어깨가 되어주지는 못할망정, 자기가 먼저 어깨를 들썩거리고 우는 모습을 보면 기가 막힌다고 했다. 꼭 드라마를 볼 때가 아니

더라도 아내는 내게 제발 눈물 좀 그만 흘리라는 이야기를
자주 하고는 했다.

　　그래서 그때부터 나는 아내가 원하는 남편이 되려고
노력했다. 아내가 기댈 수 있는 든든한 남자가 되고 싶었
다. 그러다가 큰일 하나가 생겼다. 유학 시절 한국에 계신
아버지가 중풍으로 쓰러지셨다는 소식을 들었다. 내가 장
남이어서 당장 달려가야 하는데 그때 나는 미국에서 직장
을 얻어 영주권을 신청한 상태였다. 법적으로 영주권을 신
청하고 있는 기간 동안에는 미국을 떠날 수 없다는 규정이
있었다. 아버지를 뵈러 한국으로 들어갈 수 없는 상태였
다. 그래서 영주권이 발급될 때까지 1년이 넘는 기간 동안
한국 방문을 미룰 수밖에 없었다.

　　드디어 영주권을 받아 한국으로 귀국하여 병든 아
버지를 내가 사는 미국으로 잠깐 모시고 왔다. 아직까지
몸이 온전한 상태는 아니었는데, 영주권을 얻어 살고 있
는 미국 북동부 지역은 공기도 좋고 자연환경도 수려하여
아버지가 건강을 회복하시는 데 도움이 될 것 같았다. 모
시고 와서 한 반년 정도 병간호를 하면서 함께 지내려고

했다. 그런데 이게 웬일인가? 미국에 모시고 온 지 단 3주 만에 아버지가 그만 돌아가시고 말았다. 뇌출혈로 쓰러지고 바로 병원으로 옮겼지만 손을 써보지 못하고 돌아가신 것이다. 난리가 났다. 한국에 있는 동생 가족도 충격을 받았고 함께 미국에 계시던 어머니는 제정신이 아니었다.

그때 내 아내는 나를 붙잡고 이렇게 말했다. "당신, 이제부터 정신 똑바로 차려. 여기서 당신이 울고불고 무너지고 나면 우리 모두 다 끝이야. 여동생도 빨리 미국으로 들어오라고 해서 장례를 치르자." 미국에서 돌아가신 경우 시신을 화장하면 항공편으로 운구가 쉽게 가능할 수 있는데, 어머니는 화장을 극구 반대하고 한국에 가서 장례를 치르기를 원하셨다. 화장하지 않고 시신을 그대로 한국으로 운구하려면 준비와 통관 절차가 여간 복잡한 게 아니었다. 몇 달이 걸릴 수도 있다고 했다. 장례가 길어질 수밖에 없었다.

아내는 계속해서 장례 기간 동안 절대로 울지 말고 정신을 바짝 붙들고 있으라고 당부했다. 이제부터 내가 우리 가정의 호주라는 말도 잊지 않았다. 그때마다 난 걱정하지 말라고 힘주어 말했다. 아내에게 내가 든든한 남편임을 보여줄 수 있는 기회라고 생각했는지도 모른다. 정말 엄청나게 잘 참아냈다. 눈물 한 방울 흘리지 않고, 어머니와 여동생을 위로했다.

드디어 이제 아버지의 시신을 몇 달 만에 모시고 한국으로 와서 친척들과 함께 장례를 치르게 되었다. 많은 문상객이 와서 환갑이 겨우 지나자마자 돌아가신 아버지의 죽음을 안타까워했다. 나는 장남이자 호주답게 조문객 모두를 일일이 맞이하고 서로를 위로했다. 좋은 데 가셨다고, 편안하게 가셨다고, 그리고 하늘나라에 가셨다고 오히려 조문객을 위로했다. 내가 봐도 의연하게 죽음을 수용하는 모습이 대견하게 느껴졌다.

그리고 아버지가 평생 출석하셨던 교회에서 마지막 장례 예배를 드렸다. 나와 가족들은 맨 앞줄에 앉아 예배를 드렸다. 장례예배 중 담임 목사님의 설교를 경청하고 있는데, 갑자기 내 가슴속 어딘가에서 뭔가 막 올라오는 느낌이 들었다. 그때 들은 설교 내용이 어떤 것이었는지는 정확하게 기억나지는 않는다. 아마도 돌아가신 선친은 정말 좋은 분이고, 이제는 더 이상 아프지 않고 하늘나라에서 편안하게 계신다는 확신이 든다고 목사님이 말씀하셨던 것 같다. 그런데 내 안에서 계속 뭔가 꿈틀거리더니 그만 목구멍을 통해 나와 입 밖으로 터져버렸다. 울음이었다.

목사님이 예배를 진행하지 못할 정도로 난 큰 소리로 울음을 뻥 터트리고 말았다. 나는 어떻게든 울음을 참아보려고 무던히 애를 썼던 것 같다. 머리를 감싸고 머리를 무릎까지 내려서 감추려고 했지만 소용없었다. 울음이 그치질 않으니 아내도 놀라고 어머니도 놀라 어쩔 줄을 몰라 했다. 창피하게 왜 저러느냐고 좀 말려보라고 말씀하시는 것 같은데 나는 울음을 도저히 참을 수가 없었다.

지금도 그때를 생각하면 아찔해진다. 왜 그랬을까? 아마 몇 달을 참다가 맨 마지막 순간, 이제 다 끝났다는 느낌이 들었는지도 모르겠다. 그런 순간 목사님의 마지막 환송의 말씀을 듣는 순간, 내게는 비로소 안전감이 느껴졌던 것 같다. 안전감의 조건이 충족되는 찰나에 나도 모르게 울음이 폭포처럼 쏟아진 것이다.

그때부터인가 아내는 남편이 애초부터 눈물이 많은 사람이고, 남자라도 억지로 못 울게 하면 큰일이 날 수 있겠다고 깨달았던 것 같다. 아내는 그때 이후 다시는 내게 울지 말라는 이야기를 하지 않았다. 오히려 내가 눈물을 참으려고 입을 실룩거리면, 등을 다독이면서 이야기한다. "괜찮아, 괜찮아. 그냥 울어. 울어도 돼!"

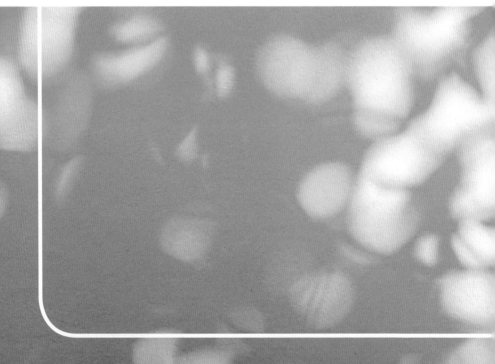

intimacy

06

수도사의 멘토링

친한 사람은 있으세요?

"친한 사람이 있으세요?" 이런 질문을 들으면 어떤가. '뭐가 친한 거지?' 친하다는 것이 무엇인지 머릿속에 구체적으로 정리가 잘 안 되는 사람이 많을 것 같다. 그렇다면 소위 베프(베스트 프렌드) 혹은 절친(절친한 친구)이라고 여기는 친구를 떠올려보라. 그 사람과의 관계를 친하다고 여기는 이유를 스스로에게 물어보면 된다.

그 친구와 친한 걸 어떻게 설명하겠는가? 이렇게 물으면 많은 사람은 이렇게 대답한다. "말이 잘 통한다." "자주 만나고 시간을 같이 보낸다." "거의 같이 붙어 다닌다."

그러면 부모님이나 가족과의 관계는 어떤지 스스로 물어보라. 부모님이나 형제자매와도 친하다는 이들에게도 그 이유를 물어보면 비슷한 답변을 한다. "이야기를 많이 하는 편이다." "여행을 같이 자주 다닌다." "같이 시간을 많이 보내고 쇼핑을 함께 한다."

내가 지금 물어본 것은 감정에 관련된 질문인데, 답변은 주로 행위에 관련된 것이 대부분이다. 친한 관계라는 말은 서로 친밀감을 공유한다는 뜻이다. 문제는 우리 모두 친밀감이란 감정에 대해 잘 알지 못한다는 사실이다. 이 친밀감은 아주 묘한 구석이 있다. 누군가와 정말 친한 것 같다가도 어느 날 갑자기, '진짜 친한 거 맞나?'라는 의심이 자꾸 든다.

여러분 주위를 살펴보면 분명히 지금 당장 꼭 힐링이 필요한 사람이 한 명쯤은 반드시 존재할 것이다. 여러분이 직접 치유해주고 싶거나, 꼭 심리상담이라도 받아보라고 권하고 싶은 사람 말이다. 아마도 여러분이 떠올린 사람은 이런 사람일 수 있다. 최근에 사람으로부터 배신을 당한 사람. 그런데 그 사람이 그저 아는 사람이 아니라 친구, 그냥 친구가 아니라 베프 아니면 연인이라면 정말 힐링이 필요한 사람이 된다. 버려짐을 경험한 사람, 배신을 당한 사람이 주위에 있다면 우리는 이런 사람에게 정말 힐링이 필요하다고 여기게 된다. 이유가 무엇일까? 그게 바로 친밀감에 대한 배신 때문이다. 결국 더 이상 친밀감을 느끼지 못할 것 같은 이들에게 역설적으로 필수적인 것이 친밀감(intimacy)이다.

'그 친구는 정말 내가 누구보다도 친하다고 여겼는데 어떻게 그 사람이 나한테 이럴 수가 있지? 이제는 나 아무도 못 믿어. 이제는 나 누구와도 관계를 못 맺을 것 같아. 나 이제 친구 못 사귈 것 같아.' 이런 느낌은 바로 친밀감 자체에 대한 불신에서 비롯된다. 그리고 이런 마음의 상태가 지속되면 스스로 치유할 수 없는 공허한 나락으로 떨어지기 쉽다.

그러면 그다음부터는 어떻게 되는가. 누구와도 깊은 관계를 맺기가 어려워지기 마련이다. 인맥 다이어트를 할 때도 이때쯤이다. 그리고 나서는 어떻게 될까? 이때부터는 최소한의 관계 유지를 위해 사회적 마스크(social mask)를 쓴다. 내가 웃는 건 진짜 웃는 게 아니다. 때때로 속으로는 울고 있을 때도 많다. 이젠 진짜 나를 숨기고 스마일 마스크를 쓴다.

　　사회생활을 하면서도 사람들에게 예의상 그냥 깍듯하게 하는 정도로만 친근감을 나타내고 속으로는 누구와도 깊은 관계를 원치 않는다. 겉으로는 굉장히 예의 바르게 보일 수 있다. 인간관계도 무난한 것처럼 보일 수도 있다. 때로는 좋은 사회적 평판을 가지게 될 수도 있다. 이쯤 되면 친밀감을 포기해도 그럭저럭 잘 살 수 있을 것 같다는 생각이 든다. 완전한 착각이고 철저히 오판이다.

'거짓 자기'

정신분석학에서는 이렇게 남들에게 보여주는 마스크를 쓰고 살아가는 사람을 '거짓 자기(false self)'를 가졌다고 표현하기도 한다. 그대로 번역하여 '가짜 자기' 혹은 '잘못된 자기' 등으로 파악하면 오해를 일으킬 만한 용어다. 이는 친밀감의 배신을 당한 사람들이 더 이상 내면의 아픔을 경험하지 않기 위해 방어적으로 사용하는 자기다.

　　거짓 자기를 가진 이의 내면에는 아주 유약한 자기

가 숨겨져 있다. 거짓 자기는 이런 상처 받기 쉬운 자기를 방어하기 위해 만들어낸 자기라고 생각하면 된다. 그래서 이제 타인을 대할 때 자신의 유약한 진짜 모습이 아니라 겉으로 웃고 착한 척하는 가면 혹은 겉으로는 센 척하거나 아무렇지도 않은 척하는 가면 등을 쓰는 것이다.

심리상담사는 이렇게 친밀감에 대한 추구를 포기한 사람들을 상담하는 것이 큰 도전일 수밖에 없다. 이들의 '진정한 자기(true self)'를 만나는 일이 결코 쉽지 않기 때문이다. 이들은 이제 더 이상은 배신당하고 버림받는 일을 막기 위해서 상담사와의 관계에서도 지나치게 방어적인 가면, 즉 거짓 자기를 자꾸만 전면에 내세우게 마련이다.

그래서 전문적인 심리상담사가 되는 과정 중에 반드시 만나게 되고, 때로는 반드시 넘어야 할 산과 같은 내담자가 바로 경계성 인격장애(borderline personality disorder)를 가진 이들이다. 이들은 친밀감 형성을 일찌감치 포기한 변덕쟁이 자기를 가진 성격장애자다.

미국에서 난 처음으로 경계성 인격장애를 가진 내담자를 만난 적이 있다. 나에게 모국어가 아닌 영어로 상담을 하는 일은 항상 힘든 고역이었다. 그중 1회기가 가장 힘들었다. 1회기 때 내담자들은 외국인인 나를 보고 무척 당황스러워했다. '웬 동양 사람이 나를 상담한다는 거지' 하는 의심스러운 눈초리로 보게 마련이다.

그런데 내가 처음 만난 경계성 인격장애를 가진 내담자는 전혀 달랐다. 그는 만나자마자 나를 격하게 환영하는 듯한 태도를 보였다. 자신은 정말 동양을 좋아한다고 너스레를 떨기도 했다. 동양에 관련된 책도 보고 요가도 한다며, 나를 상담가로 만나서 정말 좋다는 것이다. 첫 회기에 나를 마음에 들어 하는 백인 내담자는 처음이었다. 나 역시 너무 신이 났다.

그 내담자의 요란은 거기서 끝나지 않았다. 첫 회기부터 내 상담 기술에 대한 칭찬을 이어갔다. 내가 그리 상담을 잘하는 것 같지도 않은데, 자기가 진작에 날 만났어야 했다면서 나의 상담 방식이 너무나 자신과 잘 맞는다면서 말을 이어갔다. 아직 난 아무것도 하지 않았는데 말이다.

내담자는 물론 상담사인 나까지 신이 나고 기분이

한층 고양된 상태에서 1회기가 끝났다. 갑자기 자신감이 생기면서 더욱 열심히 해서 내담자를 도와줘야겠다는 의지가 불끈 솟았다. 다음 회기가 되어 상담을 이어갔다. 첫 번째 회기만큼 칭찬을 쏟아내지는 않았지만, 이번에도 내담자는 적극적으로 상담에 참여했다.

그런데 나는 미국에서 가족상담 수련을 받으면서 힘들게 느끼는 일들이 있었는데, 그중 하나가 내담자 가족들의 이름을 기억하는 것이었다. 상담을 마친 후 경과기록지에 꼼꼼하게 상담에서 나온 이름을 적어놓긴 했지만, 정작 상담 중에는 헷갈리는 경우가 잦았다. 남자는 모두 데이비드, 마이클, 아니면 존이고, 아들과 아버지가 같은 이름을 쓰는 경우도 많았다. 그래서 전 회기에서 내담자가 분명 데이비드를 말하기는 했는데, 그것이 아버지였는지 할아버지였는지 형이었는지 영 헷갈릴 때가 있다.

아마 그날도 그랬던 것 같다. 이름이 너무 혼란스러워서 내담자가 언급한 그 사람이 누구냐고 중간에 조심스레 물어보았던 것 같다. 이게 웬일인가. 내담자는 갑자기 눈을 동그랗게 뜨면서 어떻게 자신에게 이럴 수가 있냐면서 항의를 하기 시작했다. 바로 지난 시간에 말한 것도 기억하지 못하냐면서 따지고 들었다. 지나치다 싶을 정도로 기분 나빠 하면서 자신의 이야기를 그렇게 허투루 들을 수 있느냐며 공격을 멈추지 않았다. 나중에는 나같이 실력 없는 상담사는 처음 봤다고 소리를 쳤다. 눈물이 핑 돌 지경이었다. 자꾸 첫 회기 때 경험했던 일과 비교가 되니까 더더욱 심한 절망감이 밀려왔다. 한편으로 그런 생각도 들었다. '맞아, 난 진짜 자격이 없어. 시난빈은 내담자가 나를 완전 잘못 본 거지.' 이렇게 상담사의 정체성과 전문성마저 마구 흔들릴 때 수련 중인 심리상담사는 항시 슈퍼바이저에게 지도 감독을 받는다.

나는 개인 지도 감독 시간에 나의 슈퍼바이저 교수에게 물었다. "이 내담자가 첫 회기 때는 저를 엄청 칭찬해주더니 두 번째 회기에는 '너 같은 상담사는 처음 봤다!'면서 공격을 하는데 어쩌지요? 잘못하면 이 사람 다음 회기부터 안 올 것 같아요." 이 말을 듣고는 나의 슈퍼바이저는 어떤 감이 왔던 것 같다. 이 내담자는 정신의학과를 찾아갔다면 분명 경계성 인격장애를 진단받을 법한 그런 내담자라고 말이다. 슈퍼바이저는 내게 이렇게 말했다.

"아니, 너를 시험하는 거니깐 너는 그냥 끝까지 버티기만 해. 그럼 반은 성공이야." 버티다니 무슨 말일까. 슈퍼바이저는 말을 이어갔다.

"그 내담자가 나중에 혹시 너에게 욕도 하고 어떨 때는 너를 먼저 차 내버리려고 해도 절대 너한테 그런 게 아니야. 그 사람이 많이 불안한 거야. 너한테 버려질까봐. 네가 데이비드가 누군지도, 아버지 이름도 까먹고 그러니까 '이 상담사도 나를 그렇게 중요하게 생각하지 않는구나'라고 불안해져서 미리 그렇게 엄포를 놓는 거야." 내 슈퍼바이저는 앞으로도 경계성 인격장애를 가진 내담자를 만나면 이 점을 꼭 명심하라고 강조했다.

"Don't take it personal!" 내담자가 그러는 건, 너 때문이 아니야. 그걸 퍼스널하게, 그러니까 나 개인에 대한 공격으로 받으면 안 된다는 말씀.

내가 먼저 버리는 사람들

그럼 어떻게 하면 내가 버틸 수 있냐고 물었다. 그랬더니 내담자가 무슨 이야기를 해도 상담사가 절대로 자신을 버리지 않는다는 신뢰를 줄 수 있어야 한다고 했다. 상담사가 자신을 버릴 수도 있다는 작은 불안이 생기면 생길수록 상담사에 대한 공격을 퍼부을 수 있다. 버림을 받게 되느니 차라리 내가 버리는 것이 낫다고 여기기 때문이다.

상담사는 맷집이 필요하다. 내담자의 공격을 절대로 자신을 향한 '퍼스널'한 것으로 여기지 않아야 그런 인내가 가능하다. 상담사와의 관계에서 버려짐의 불안이 완전히 사라지는 순간 내담자는 마침내 자신이 얼마나 엄청난 두려움에 떨고 있는지 '진정한 자기'를 드러낼 수 있게 된다.

앞서 '충분히 좋은 엄마'는 어떤 자세를 보였는지 떠올려보자. 아이의 예기치 않은 공격에 맞대응하는 엄마는 없다. 그저 묵묵히 끝까지 버텨내는 엄마가 충분히 좋은 엄마였다. '충분히 좋은 상담사'가 되기 위해서도 이런 자세를 흉내 낼 수 있어야 한다.

경계성 인격장애를 가진 사람들의 행동적 특징은 바로 버려짐의 불안에 기인한 경우가 많다. 내가 만난 내담자는 젊었을 때부터 직장을 빈번하게 옮겨 다녔다고 했다. 대학 시절에는 전공을 서너 차례 바꾸기도 했다. 인간관계도 마찬가지다. 친구관계도 한 사람을 오래 만나지 못한다. 이성관계에서는 더 변덕이 심해진다. 이 내담자의 인간관계 맺기의 주특기가 하나 있는데, 그건 '내가 먼저 정리하기'다.

이성 친구를 사귀기 시작하여 그 여성과의 관계가 깊어지면 오히려 점점 불안해진다. 상담사에게 그런 것처럼 공주처럼 잘 해주다가도 혹시 자신에게 관심이 적다 싶으면 여지없이 냉혈인간처럼 돌변한다. 그러다가 여성이 함께 화를 내거나 기분 나빠 하면 어떻게 할까? 내담자가 먼저 관계를 정리하고 만다. 이런 관계 맺기를 지속하다 보면, 최고의 이상형을 만나서 관계가 급속도로 가까워져도 불안해지는 것은 마찬가지다. 서로 잘 통해서 이 여성과 결혼까지 갈 수도 있겠다고 여기면 더더욱 불안해진다.

이러다가 잘못되면 큰일이라는 과도한 불안에 사로잡힌다. 결국 두 사람의 관계가 최상으로 좋을 때 다시금 자신의 주특기, '내가 먼저 정리하기' 기술을 쓸 수도 있다. 최고의 관계가 되면 될수록 버려짐의 불안은 극도로 따라 올라가기 때문이다.

이쯤 되면 이 경계성 인격장애 내담자가 누구와도 친밀감을 전혀 느끼지 못하는 이유를 자신의 가족역동에서 찾아야만 한다. 관계의 최고 정점에서 오히려 그 사람을 밀어내는 일은 분명 오랫동안 내면에 자리 잡아온 정신역동의 산물이기 때문이다.

내담자는 자신의 부끄러운 가족 이야기를 털어놓기 시작했다. 부모가 일찍이 자신을 버리고 이혼한 다음에는 각자 재혼해 가정을 꾸렸다. 어린 시절 내담자는 어머니나 아버지 쪽으로 가지 못하고 큰아버지 밑에서 자랐다. 큰아버지는 굉장히 엄하신 분이었고 큰아버지에게도 자녀가 있었는데 내담자와는 나이 차이가 많이 났다. 외로운 어린 시절을 보냈고 친밀감 형성에 어려움을 겪었다.

내담자는 언제든지 자신이 또 아버지와 어머니같이

중요한 사람들에게 버려질지 모른다는 불안이 늘 마음속에 꽉 차 있던 것이다. 그런 그가 상담사인 내게 처음 도움을 받고 싶다고 호소한 문제는 포르노그래피 중독에 관련된 내용이었다. 내담자는 아주 오랜 시간 포르노그래피에 빠져 살아왔고 이제는 스스로 헤어나올 수가 없다고 말했다. 우리는 포르노그래피 중독에서 벗어나는 것을 상담의 합의된 목표로 삼았다. 하지만 이제 내담자는 중독에 빠진 이유가 친밀감 형성과 깊은 연관이 있음을 서서히 통찰해 갔다.

실제 그가 연인이 없었던 건 아니다. 그런데 연인을 만나기 시작하면 너무너무 불안이 심해졌다. 불안이 없어져야 친밀감이 생길 텐데, 그런 친밀감을 느끼는 일은 본인과는 거리가 먼 이야기 같았다. 어린 시절부터 사랑하는 대상에게 처절하게 버려질 것 같은 두려움이 자신의 존재에 들러붙어 있는 느낌이었다.

그런데 포르노그래피는 좀 달랐다. 포르노그래피에서는 아무 걱정 없이 자신이 돈만 내면 얼마든지 불안을 경험하지 않고 친밀감을 유지할 수 있었다. 내담자는 살아 있는 대상과는 절대로 친밀감을 경험할 수 없고, 오로지 포르노그래피에서와 같은 성적 대상에서만 가능하다고 굳게 믿고 있었다.

이런 내담자는 어떻게 해야 친밀감을 경험할 수 있을까? 상담사에게 버림받을 것 같은 연약한 자기를 가감 없이 드러낼 수 있을 때이다. 그때 숨겨놓은 진정한 자기를 방어하기 위한 거짓 자기도 거둬들일 수 있게 된다.

위험한 숫자 '3'

미국의 조지타운대학 의과대학의 머레이 보웬(Murray Bowen) 교수는 개인 중심의 심리치료에서 가족치료를 새롭게 만들어낸 임상가들 중 한 명이다. 보웬은 가족치료를 위해 유익한 임상 도구를 개발했다. 하버드대학 문화인류학자들이 식구가 많은 부족 구성원을 연구하면서 복잡한 가계를 명료하게 정리해보려고 만든 가계도(genogram)를 가족치료에 임상적으로 활용해보자고 제안한 것이다.

그래서 3대에 걸친 가족 구성원의 관계와 특성을 가

계도에 다양한 상징을 만들어 표기했다. 남성은 네모박스로, 여성은 동그라미로 표시하고, 나이와 결혼, 이혼 등 각종 정보를 일일이 표기하도록 했다. 그리고 가계도에 꼭 표시하도록 하는 것이 있었는데, 가족 구성원끼리 어떤 관계를 맺고 있는지, 어떤 정서적 경험을 하고 있는지 상징적으로 표시하는 것이다. 예컨대 관계가 서먹서먹하다면 점선으로 표시하고, 만나면 늘 싸우는 갈등 관계면 지그재그로 표시하도록 했다. 친밀한 관계에는 실선을 사용했다. 그리고 친밀감의 정도를 나누어 세 가지로 표시하도록 했다. 한 줄, 두 줄, 혹은 세 줄로 긋는 것이다. 그럼, 한 줄 관계, 두 줄 관계, 그리고 세 줄 관계 중 어느 관계가 가장 친밀한 관계일까.

언뜻 듣기에 하나보다는 둘이 좋고, 둘보다 셋이 좋은 것처럼 느껴질 수 있다. 그렇다면 세 줄로 표시하는 관계가 가장 친밀한 관계로 여기기 쉽다. 아마 전문가가 아니라면 모두가 다 그렇게 생각할 수 있다. 특히 이 '3'이라고 하는 숫자는 서양에서는 완벽한 숫자로 여겨진다.

그런데 가족치료 교과서에 나오는 가계도를 보면 세

줄 관계로 표시된 가계도가 참 많다. 보웬이 주장한 심리적인 가계도에서 이 세 줄은 오히려 병리적 관계를 의미했다. 전문가 입장에서 보면 가족치료가 반드시 필요한 관계가 주로 세 줄로 표시되고는 했다. 그렇다면, 세 줄 관계는 건강하게 친밀한 관계는 아닌 것이 분명하다. 보웬은 세 줄 관계를 '정서적 융합(emotional fusion)' 관계라고 불렀다. 이는 불안이 심해 상대방의 감정에 맞추려는 '거짓 자기'가 가득한 상태일 수 있다. 결국 자신과 타인의 감정과 생각이 한데 섞여서 구별이 불가능한 지경에 이른다는 것이다.

그런데 세 줄로 표시되는 병리적인 관계가 일상생활 중에는 매우 친밀한 관계처럼 보인다는 점이다. 예를 들면, 딸과 엄마가 거의 한 몸같이 붙어 다닌다. 취미도 같고 취향도 같다고 한다. 서로 생각이 똑같다고 말하기도 한다. 한 몸처럼 행동하는 것이 많다고 서로 친밀감이 높은 것은 아니라고 했었다. 거의 붙어 다니기 때문에, 그리고 시간을 함께 많이 공유하기 때문에 친밀한 관계처럼 여겨서는 안 된다.

혹 거짓 자기를 앞세워 두 사람이 만나고 있는 것은

아닌지 살펴보아야 한다. 같이 쇼핑을 하는데 상대방이 불편한 기색을 보이면 갑자기 불안해진다. "혹시 나 때문에 그래?" "엄마 나 때문에 그래?" 상대방이 뭘 좋아할지 내가 끊임없이 신경을 쓰게 된다. 이런 경우 자신이 뭘 좋아하는지는 늘 뒷전이다. 그걸 주장하지도 않는다. 그렇다면 두 사람은 굉장히 가까워 보이지만 이미 거짓 자기를 장착하고 있는 것일지 모른다. 그래서 가족치료에서는 불안으로 인해 서로에게 밀착되어 있는 병리적인 관계를 세 줄로 표기하고, 오히려 두 줄 관계가 심리적으로 적절하게 친밀한 관계라고 보는 것이다.

내가 나를 있는 그대로 보여줘도 상대방의 반응이 전혀 불안하지 않는 관계가 심리적으로 건강한 두 줄 관계다. 굳이 거짓 자기를 발동할 필요가 전혀 없는 관계다. 바로 아이가 엄마를 공격해도 엄마가 공격적으로 되갚지 않을 때 만들어질 수 있는 관계다. 상대방의 반응에 대한 아무런 불안이 없어야 친밀감을 느끼면서 심리적 독립을 서서히 만들어갈 수 있게 된다.

그럼 우리 자신은 부모님이나 친구들과 어떤 관계를

맺고 있을까. 스스로 알아볼 수 있는 간단한 간이 진단법을 소개한다. 여러분이 친밀감을 느낀다고 여기는 사람에게 평소 전화를 걸 때를 한번 떠올려보라. 전화 걸 때 자신의 마음 상태를 보면 불안감의 정도를 어느 정도 가늠할 수 있다. 걸기 전부터 마음이 불안한 대상이 있다. 친구에게 전화를 거는데도 벌써 걱정이 많다. '이 친구 지금 전화를 받을 수 있을까? 오후에 아르바이트 한다고 그랬던가? 아니 수업 있다고 그랬나? 전화 받기 어려우면 어떡하지?' 전화를 걸기 전 때부터 걸까 말까 한참을 고민한다.

자, 이제 걸기로 마음먹고 전화가 연결되었다고 해보자. 그래도 불안하다. 전화 받기 괜찮냐고 조심스럽게 묻고, 괜찮다고 해도 또다시 묻는다. 통화 중 상대방 목소리가 귀찮아하는 것 같아 진짜 괜찮냐고 확인하게 되고 자꾸만 마음이 쓰인다. 전화하면서도 내내 전화하지 말걸 그랬나 후회를 하기 일쑤다.

전화하기 전에도 고민하고, 전화를 걸면서도 내내 눈치를 본다. 심지어 끊고 나서도 불안해진다. 끊고 난 다음에는 제3자에게 물어본다. 그리고 확인을 한다. "내가 말을 이런 식으로 했거든. 그러면 친구가 기분이 많이 나빴을까? 그렇지? 기분 나빴겠지? 그럼 이제 어떡하지?" 이런 관계라면 겉으로는 시간을 아무리 많이 함께 보내고 굉장히 친밀한 것처럼 보이지만 그 내면에 불안이 있는 관계다.

가족치료 전문가들은 이런 경우 절대 두 줄이라고 여기지 않을 것이다. 거의 세 줄에 가까운 관계가 아닌가 의심할 수 있다. 그렇다면 우리가 이렇게 친밀감 형성이 어려워진 이유가 무엇일까.

분명한 이유가 있다. 앞에 소개한 경계성 인격장애 내담자의 경우처럼 부모로부터 버려짐의 경험을 당하지 않았어도 친밀감 형성이 어려워질 수 있다. 우리가 가족 시스템 안에서 부모의 평가에 대한 불안이 심했다면 우리 역시 친밀감 형성에 어려움을 경험할 수 있다.

스마일 마스크 증후군

친밀감 형성에 영향을 미칠 수 있는 첫 번째 부모 유형은 바로 비교하는 부모다. 너는 왜 그 모양이냐고 하면서 항상 형이나 동생과 비교하는 부모가 있다. 때로는 친척과 비교하고 때로는 친구와 비교하기도 한다. 이런 경험을 축적하면 늘 상대방이 나를 어떻게 비교하며 평가할지 불안해할 수밖에 없다.

이보다 더 심한 경우는 비난하는 부모다. 자녀의 일탈행동을 보면 참지 못하고 비난의 말을 쏟아내는 부모가 있다. "너 같은 애는 아마 친구들이 별로 안 좋아할 거야!" 어떤 경우엔 미래에 대한 막말도 서슴지 않는다. "너 그런 식으로 하면 절대 성공 못해!" 막말뿐 아니라 욕설까지 들으면서 비난을 듣는다면 외부에 대한 평가불안은 점점 눈덩이처럼 커질 수밖에 없다.

정말 심한 경우는 학대하는 부모다. 부모의 언어폭력이나 신체폭력 등 지속적인 학대가 이어지면 자녀의 존재감은 바닥까지 떨어지고 어떤 대상으로부터도 친밀감을 경험할 수 없는 단계로 전락한다. 이런 경우 사회관계에서 지속적인 평가 불안에 시달리게 된다. 결국 불안 없이는 어떠한 관계도 맺을 수 없어 평생 외톨이로 살아갈 수도 있다.

그래도 사회생활을 영위할 수밖에 없으니, 이제 어떻게 해야 될까. 사회적 마스크를 쓰는 것이다. 겉으로는 늘 웃는 얼굴로 자신을 방어하는 '스마일 마스크 증후군'을 앓게 된다. 보통 감정노동자들을 이야기할 때 이 스마일 마스크 증후군을 자주 언급하는데 꼭 그런 직업군에만 해당되는 이야기가 아니다. 상담을 해보면 꽤 많은 사람이 누구에게도 자신의 가공되지 않은 '진정한 자기'를 드러내지 못하고 살고 있다.

진정한 자기, 있는 모습 그대로의 나, 그리고 가면을 벗은 나를 편안하게 드러낼 수 있는 대상이 단 한 명도 없다면 어떻게 해야 할까. 심리상담사를 찾아온다면 그래도 도움이 될 텐데, 그런 선택지마저 없을 때는 대체 어쩌란 말인가. 이쯤 되면 더 이상 사람한테는 전혀 기대할 수가 없다고 여길 수도 있다.

어떤 사람과도 친밀감 형성이 가능하지 않다고 포기한 사람들 중에서 가끔 신을 유일하게 남은 대상이라 여기고 종교에 귀의하는 경우도 많다. 종교공동체야말로 혹독한 평가만 난무하는 환경이었던 가정을 대체할 최적의 공

동체로 여기게 된다. 대부분 종교공동체는 친밀한 가족공
동체처럼 느낄 수 있도록 구조화되어 있다.

종교공동체 구성원들은 서로를 형제, 자매라고 부
르고, 종교지도자를 아버지라고 부른다. 그런데 이 종교공
동체 내에도 신의 뜻을 따르지 않으면 버림받고 징벌을 받
을 수 있다는 평가 불안이 늘 도사리고 있다. 그래서 순종
을 강조하고 신의 징계와 징벌을 강조하는 그런 종교공동
체에 들어가면 다시금 더 큰 불안에 사로잡힌다. 다시 가
면과 거짓 자기의 탈을 써야 한다. 순종하는 모습의 가면,
거룩한 모습의 마스크를 장착할 수밖에 없다.

이제 신까지 자신을 버리면 진짜 끝장이라는 강박이
생길 수도 있다. 그럼 훨씬 더 강박적으로 종교에 빠져드
는 경우도 굉장히 많다. 가족의 평가 불안을 피해 종교공
동체로 숨은 사람이 또다시 깊은 내면의 불안을 더 강화시
키게 된다. 안타깝게도 부모의 양육 태도는 이렇게 자녀의
사회생활은 물론 종교생활까지도 좌지우지하고 만다.

그렇다면, 종교인에게 필요한 친밀감은 어떤 모습
일까? 신 앞에서도 그냥 있는 모습 그대로 불안 없이 만날

수 있는 상태다. 신 앞에서 어떤 가면도 벗을 수 있어야 신과의 합일, 최고로 친밀한 관계가 형성된다. 신과의 합일을 경험했다고 하는 신비주의자들의 경험도 어쩌면 버려짐의 불안 없이, 징계나 심판의 공포 없이 신과의 친밀감을 느끼는 경험 아니었을까.

진짜 기도를 하란 말이야

여러 해 전부터 대학이나 직장에서 멘토링이라는 용어를 즐겨 사용해왔다. 대학에서 멘토링 행사의 경우에는 진로 탐색에 도움을 주기 위해 졸업한 동문들이 어떤 일을 하는지 다양한 직종의 종사자들을 불러 모아 소개하고 학생들에게 일대일 매칭을 통해 도움을 제공한다. 기업에서도 멘토링이란 용어를 사용하여 입사 초기에 업무가 서툰 신입직원에게 업무 지원을 해주고 또 어떨 때는 경력사원이 빠른 시간 내에 적응할 수 있도록 옆에서 모니터링을 해주는 멘토 역할을 하도록 한다.

대학과 기업에서 모두 멘토링을 중요하게 다루지

만, 정작 멘토링의 오랜 역사적 기원에 대해서 아는 이는 그리 많지 않다. 멘토와 멘티 관계의 기원은 사실은 수도원에서 시작했다. 수도원에 들어오는 사람들은 모두 엄청난 결심을 하고 온다. 수도사들은 평생 기도와 노동만 하고 살기로 결심하고 수도원에 입소한 것이다. 이럴 때 이미 들어와 수도원 생활을 하고 있는 선배를 일대일로 매칭해주었는데, 이 제도가 멘토링의 시작이다.

수도원에 입소한 멘티는 하루에 한 번씩 일대일로 멘토를 만난다. 조그만 골방 같은 곳에서 만난다. 만나서 두 사람이 함께 하는 일은 무엇일까. 수도원 멘토링의 내용은 멘티가 수도원 생활에 잘 적응하도록 멘토가 가이던스(guidance)를 제공하는 서비스가 아니었다. 수도사들은 노동과 식사, 그리고 취침하는 시간을 빼면 내내 기도하는 일이 일과였다. 멘토링은 멘토가 멘티와 같이 기도하는 일을 공유하는 시간이었다.

그런데 멘토링은 그저 소리 내어 각자 기도하는 과정이 아니었다. 멘토는 멘티에게 이전에 기도하던 방식을 혁신적으로 전환하도록 도움을 주었다. 멘토는 멘티를 처음 만나 멘토링을 구조화한다. "이제 우리 둘이 일주일에 한 번씩, 혹은 두 번씩 만나서 한 번에 한 시간씩 서로의 관심사도 이야기하고 서로 함께 기도하자. 오늘은 멘티인 네가 먼저 한번 기도해볼래?"

그럼 멘티가 먼저 기도를 할 것이다. "우주 만물을 창조하시고 인류의 역사를 주관하시는 거룩하신 하느님," 그러면 멘토가 기도를 중단한다. "왜 기도를 그런 식으로 하니? 그건 네가 교회에서 했던 공중기도 아니니? 여기서는 굳이 그렇게 할 필요 없어." 멘티가 그 방법을 구체적으로 물을 것이다. "그럼 어떻게 하죠?" "여기엔 우리 둘밖에 없고 여기 하느님이 계시다고 생각하면서 가장 은밀한 너의 마음을 그냥 전달하는 기도를 하면 되는 거야."

멘티는 다시 마음을 다잡고 기도를 시작한다. "알파와 오메가가 되시고, 나를 구원해주신 거룩하신 하느님." 얼마 지나지 않아 멘토는 다시금 기도를 끊고 참견한다. "남에게 들려주는 그런 기도문 말고 내 속마음을 드러내는 기도를 하라니까?" 멘티가 도저히 모르겠다고 고개를 저으면, 멘토가 그때서야 자신의 기도를 드린다.

"하느님, 어제 제가 말씀드렸죠? 제가 허리 아프다고 그랬잖아. 오늘 일어나면 좋아질 줄 알았는데 계속 아프네요. 저 어떡하면 좋아요. 오늘은 들판에 나가서 일 엄청 해야 되는데…."

멘티는 속으로 무슨 기도를 저런 식으로 하는지 의아해할 수도 있다. 기도란 거룩한 용어를 사용하여 격식을 갖추어 드려야 하는 건데, 멘토가 아프다고 그러고 힘들겠다고 애처럼 투정이나 하고 있으니, 기도가 어딘가 모르게 어색하게 느껴졌을 것이다.

그런데 멘토의 기도에는 특별한 구석이 있다. 하느님과의 관계에서 아무런 가면이 없다. 수도원 멘토링은 그동안 기도 중에 굉장히 많은 가면을 쓰고 신과 만났다고 하면 이제는 아주 은밀하고 사적인 관계를 새롭게 맺어가도록 돕는 제도다. 가면과 거짓 자기가 모두 필요 없는 관계, 그래서 정말 친밀감을 느끼는 대화를 경험하도록 모델링해주는 것이 바로 멘토링이었다. 그런 이유로 심리치료의 원형을 바로 이 수도원 멘토링에서 찾는 학자도 있다.

나는 기업에 멘토링 강연을 가면 어떤 멘토가 되기

를 원하는지 반드시 묻는다. 답변은 그렇게 긍정적이지 않다. 다들 피곤해 죽을 지경이란 말을 일성으로 한다. 전수해줄 대단한 경력 같은 것도 없고, 솔직히 내 일 하기도 바쁜데 누군가를 관리감독을 한다는 게 정말 너무 버겁다는 이가 참 많다.

그럼 나는 힘주어 이렇게 강조한다. 진정한 멘토링은 온통 평가하는 대상으로 가득 찬 기업 내에서 아무런 불안 없이 따뜻한 친밀감을 느낄 수 있는 단 한 사람과의 경험, 그런 경험을 나눌 수 있는 동반자가 되는 일이라고 말이다.

07

n e t w o r k

우리는 생각보다 더 깊이
연결되어 있다

'좋아요' 연대

사회관계망서비스(SNS)로 인해 우리는 세계를 하나로 연결하는 편리한 세상에 살고 있다. 그런데 이 SNS가 과연 우리의 정신건강에는 어떤 영향을 주는지 생각해본 적 있는가. 혹자는 정신건강을 해치는 경우도 꽤 많다고 느낄 수 있다. 보이지 않는 익명의 댓글 때문에 마음에 큰 상처를 입고 결국 극단적인 선택을 했다는 소식을 접하면 더욱 그러하다.

이제 우리가 지구촌이라는 말을 쓰는 것이 전혀 이상하지 않다. 바로 이 SNS 때문이다. 인류가 거의 이웃처럼 느껴질 정도다. SNS는 단순한 정보 교환뿐 아니라, 서로를 가까이 느끼도록 만드는 정서적인 네트워크 역할을 하기도 한다.

우리나라 사람들은 워낙 표현을 잘 못하는 민족이었다. 우리 문화는 겸양의 덕을 강조해서 자기표현을 굉장히 부담스러워했다. 조금만 자기 자랑을 해도 '근자감(근거 없는 자신감)'이 심하다며 흉을 본다. 공적인 자기표현의 기회가 통 없었다. 그런데 요즘 이 가상의 공간, 이 SNS 공간에서는 정반대의 일이 일어나고 있다. 그야말로 자기애(narcissism)의 장이다. 올리는 여행 사진, 쇼핑한 물건, 먹고 있는 음식, 모두가 자기 자랑 천지다.

그냥 자신의 일상을 소개한다고 하지만, 내심 '나 이런 데도 갔다 왔어.' '나 예쁘지 않아?' '나 비싼 옷 샀어.' '나 오늘 카드 좀 긁었어.' 이런 심리가 뻔하게 보인다. 노래 가사 말처럼 '내가 제일 잘나가.' 전에는 절대로 할 수 없었던 자기표현이 SNS라는 공간에서 이루어지고 있다. 자기표현을 마음껏 할 때 얻는 심리적 장점이 있다. 그리고 자기표현을 우리 문화가 지나치게 절제하도록 해온 측면에서 보면 이런 현상이 꼭 나쁘다고만 할 필요는 없다.

또 하나의 특징 중 하나는 내가 올린 글이나 사진에

'좋아요'를 눌러줄 때 느끼는 연대감이다. 조회수를 통해 자신이 타인으로부터 인정받고 서로 연대하고 있다는 느낌을 공유하게 된다. 하지만 너무 지나치면 조회수 신경증에 빠질 수 있다. 아직도 두 자리 수라고 불안해하고 조회수를 높이는 일에 강박적으로 매달릴 수도 있다.

그런데 우리가 그동안 타인에 대한 정서 표현에 굉장히 인색했다는 측면에서 보면 긍정적인 표현법이다. 남한테 좋아한다는 말도 잘 안 하던 우리가 클릭 한 번만 하면 되니까 쉽게 할 수 있다. '좋아요' 댓글 문화도 정서 표현에 익숙지 않은 우리에게 긍정적인 기여를 하는 면이 있다.

하지만 SNS가 긍정적인 정서만 공유하는 장은 아니다. 감정이 다 긍정적인 것만 있는 것은 아니지 않는가. 부정적인 정서도 당연히 공유된다. 우리가 범접할 수 없는 정치인, 셀럽이나 유명인사에게 공식적으로 내가 의견을 내거나 만날 기회가 있으리라고는 꿈도 꾸지 못했다. 불만이 있어도 전혀 정서 표출을 하지 못했던 우리에게 이 SNS라는 공간은 그간 억눌렸던 욕구 표출의 장이 되기도

하는 것이다. 그래서 평소에 막말, 욕설 이런 것들을 자제할 수 있었던 사람도 이 SNS에 그간 참았던 욕구를 분출하기도 한다. '임금님 귀는 당나귀 귀' 하며 몰래 했던 말도 대놓고 한번 해볼 수 있는 장이 생긴 것이다. 이렇게 털어놓으면 정신건강에 좋은 걸까, 혹시 자가 치유에도 도움이 되는 걸까.

감정의 원심력과 구심력

나는 마음속 감정을 두 가지로 분류하고는 한다. 먼저 첫번째 범주의 감정을 '원심력 감정'이라 부르고, 또 다른 범주의 감정을 '구심력 감정'이라 부른다. 구태여 물리학 용어인 원심력과 구심력을 붙여 부르는 이유는 감정 대상을 향한 서로 상이한 방향 때문이다.

원심력은 힘의 방향이 내부에서 외부로 향하지 않는가. 그럼 원심력 감정은 그 방향이 외부로 향한다. 다른 사람을 향한 감정, '대인 감정'이라 부를 수 있다. 대표적인 원심력 감정은 분노, 혐오 감정을 들 수 있다. 상대방에게 화를 내고 상대방을 미워하는 감정은 모두 방향이 바깥에 있는 대상을 향하고 있다. 꼭 부정적인 정서만 있는 것은 아니다. 상대방에 대한 '좋아요'도 분명 원심력 감정이다.

그렇다면 구심력 감정은 무엇일까. 방향이 자기 자신을 향하고 있다. 이런 감정은 자신이 어떤 사람인지, 어떤 자격을 가진 사람인지에 대한 평가를 동반하는 감정이다. 자신의 존재 가치를 느끼는 감정이어서 '존재감'으로 표현할 수도 있고, '내가 어떤 사람인지'에 대한 느낌이라는 측면에서는 '정체성 감정'이라고 부를 수도 있다. 즉, 내가 어떤 자격을 가진 사람인지 스스로 느끼는 감정이다. '나는 소중해. 나는 정말 괜찮아. 나는 사랑받기 위해 태어났어.' 등의 느낌은 자신의 자격이나 존재를 긍정적으로 여기는 자존감에 해당한다.

그런데 반대도 있다. '내가 나를 봐도 정말 한심해. 난 너무 비참해. 참 부끄러워. 난 아무런 가치가 없는 존재야.' 등의 느낌에 빠져드는 경우다. 바로 '자격지심(自激之心)'이 여기 해당한다. 이는 자기 스스로를 미흡하게 여기는 마음이다. 이렇게 자신의 존재 가치, 자격을 향한 평가를 동반한 감정을 나는 '구심력 감정'이라 부른다.

우리가 사는 초연결 사회의 SNS가 그동안 억압된 우리의 감정 표출과 공유의 장이어서 긍정적인 측면이 있다고는 하지만, 분명 문제가 있다. 이 가상공간이 주로 원심력 감정 표현의 장으로만 활용된다는 점이다.

SNS가 진정한 치유의 길로 이끄는 정서적 네트워크가 되려면 갈 길이 멀다. 치유로 가는 진정한 공감이 이루어지려면 원심력 감정이 아닌, 바로 구심력 감정을 잘 공유하는 공간이 되어야 하기 때문이다.

정서적 네트워크를 위해 구심력 감정이 보다 더 중요한 이유를 좀 더 살펴보자. 가족관계를 관계망(network) 구조로 이해해본다면, 가족관계의 기본 네트워크는 '삼각관계(triangulation)'다. 삼각관계라 하면 TV 드라마에서 한 여성을 두 남성이 동시에 좋아하는 설정을 제일 먼저 떠올리게 되는데, 가족치료에서는 아빠, 엄마와 자녀의 관계를 설명할 때 자주 사용된다.

남편, 아내와 딸이 삼각관계로 묶인 관계를 가족관계망이라 가정하고, 엄마와 딸의 대화를 떠올려보라. 가끔 엄마가 남편에 대한 불만을 딸에게 표출한다. "야, 넌 절대 네 아빠 같은 사람이랑 결혼하지 마. 하여튼 집안에 이렇게 무관심한 사람이 또 있을까 싶다. 진짜 네 아빠는 답이 없어!" 자, 구심력과 원심력 중 어떤 감정이 표출되고 있는지 살펴보자. 남편을 향한 원심력 감정이다. 남편에 대한 불만과 혐오 감정을 드러내고 있다.

딸은 이렇게 맞받는다. "나도 그렇게 생각해. 진짜 아빠는 남편으로서 0점이야. 난 절대 아빠 같은 사람이랑 결혼 안 할 거야." 역시 원심력 감정이다. 딸이 가진 감정의 방향도 아빠를 향하고 있다. 그런데 엄마가 딸의 답변이 탐탁치 않은 눈치다. 그래서인지 이렇게 대꾸한다. "야, 아무리 그래도 그렇지, 너는 아빠한테 0점이라니, 그게 무슨 말버릇이야? 왜 말을 그딴 식으로 해!"

딸은 갑자기 당황스러워진다. "엄마, 왜 그래? 내가 엄마 편 들어줬는데? 왜 또 나한테 화를 내지?" 이상할 만도 하다. 원래 원심력 감정은 남이 공감을 해줄 때는 잠깐 도움이 되는 것 같은데 충분히 공감을 받았다는 경험과는 거리가 멀다. 어떨 때는 다른 사람이 남편을 함께 공격하는 것이 기분 나쁘게 들린다. 왠지 나 자신마저 굉장히 허한 마음이 들 때도 있다.

엄마가 여고 동창한테 전화를 걸었을 때도 마찬가지다. 남편에 대한 불만을 표출할 목적으로 남편 흉을 늘어놓는다. "네 남편 일찍 들어오니? 우리 남편은 아직도 매일 고주망태가 되어서 들어오고, 요즘은 힘들다고 그러기는 하는데, 그래도 이젠 정말 지긋지긋하다!" 이때 감정도 주로 남편을 향한 원심력 감정이다. 그러면 친구는 공감해준다고 아내의 원심력 감정을 그대로 공유한다. "네 남편 아직도 그러니? 진짜 문제 있다. 나라도 정말 화가 날 것 같아! 네 남편은 이제 정말 너한테 그러면 안 되지."

친구는 폭풍 같은 공감을 해주었다고 느낄 때쯤, "야, 그래도 그렇지, 남의 일이라고 무슨 그런 식으로 이야기를 하니? 끊어!" 아니, 공감해준 건데 왜 그럴까 친구는 어안이 벙벙해진다. 이유는 친구가 공감한 감정은 모두 원심력 감정이기 때문이다.

공감의 배신

우리가 상대방의 감정을 나름 공감한다고 해도 이상하게 상대방이 오히려 지금처럼 역정을 낸 적이 있다면 더 이상 공감하기 싫어질 수도 있다. "다시는 공감해주나 봐라! 공감해도 소용없어!"

공감이 우리를 배신한 걸까? 아니다. 아마도 원심력 감정만 공감하려고 했던 딸이나 여고 동창 친구와 똑같은 실수를 하고 있었는지 모른다. 공감을 받아야 할 감정은 원심력 감정이기보다는 구심력 감정이기 때문이다.

그렇다면 여기에서 구심력 감정이란 어떤 감정일까? 엄마 자신이 느끼는 자격지심이다. 남편이 조금만 집안일에 관심을 가져주면 참 좋겠는데, 그런데 그런 욕구는 충족되지 않았다. 그러면 아내는 자신에 대해 어떤 느낌이 들까? 어떨 땐 자신이 일만 하도록 맡겨진 가정부 같다. 자신을 돌아볼 때 아내로서는 아무런 역할이 없는 듯하다. 때로는 자신의 존재가 비참하다. 이런 이야기를 누군가와 나눌 수 있다면 눈물부터 날 것 같다. 그런데 이런 구심력 감정을 꺼내기는 결코 쉽지 않다. 공유할 대상을 못 찾기 때문이다.

사실은 딸과 대화하는 엄마는 자신을 향한 구심력 감정을 나누고 싶었다. 엄마가 아빠를 향한 원심력 감정 대신 가정부로 전락한 듯 느끼는 자신에 대한 구심력 감정까지 드러낼 수 있었다면 어땠을까. 그럴 때 딸은 어떻게 하면 좋을까.

"엄마가 어떨 때는 가정부같이 느꼈다고? 미안, 난 진짜 그건 몰랐네. 그럴 수 있을 것 같아. 그렇다고 인정해주는 사람이 하나도 없고 얼마나 기운 빠질까. 혼자 참 많이 참담한 느낌이 들었을 거 같아. 엄마, 미안해!" 그럼 엄마는 아마도 딸밖에 없다면서 서로 붙잡고 눈물을 흘렸을지도 모른다. 아까와는 달리 엄마는 딸로부터 공감을 충분히 경험할 수 있다.

이렇게 가족관계에서도 딸이 엄마의 구심력 감정을 공감해주면 훨씬 도움이 된다. 아까 원심력 감정만 공감하려다가 서로 사이가 틀어지는 것은 왜일까? 공감은 우리를 배신한 것이 아니다. 원심력 감정에 대한 엉뚱한 공감으로 아직 때를 만나지 못했을 뿐이다. 원심력 감정은 진정 공감 받고 싶은 구심력 감정을 드러내기 전에 방어적으로 나오는 감정이란 점을 알면 도움이 된다. 구심력 감정은 공감의 완성을 아직도 기다리고 있다.

　　우리 사회가 가지고 있는 큰 숙제가 있다. 우리 사회에 수없이 많아진 네트워크 안에서 자신의 구심력 감정을 드러낼 수 있는 관계망이 많아져야 한다. 그런데 안타깝게도 점점 조밀해지는 사회관계망서비스가 구심력 감정에 대한 정서적인 공감보다는 타인을 향한 언어폭력이나 혐오가 난무하는 공간이 되어가면 힐링 사회는 점점 요원해진다.

　　우리 사회의 SNS 공간에 비난의 글보다 칭찬과 공감의 글이 많아진다면 이것만으로도 여러 사람이 극단적인 심리적 위기에서 빠져나올 수 있는 힐링의 도구가 될 수 있다. 전문적인 심리 상담에서 서비스를 종결하기 직전 마지막으로 점검하는 작업이 무엇인지 아는가. 어느 상담사라도 내담자에게 상담사를 유일한 대상으로 삼고 일주일에 한 번씩 평생 상담을 받으러 오라고 할 수는 없다. 그래서 가장 중요한 상담의 종결 조건은 내담자가 이제 상담자가 아닌 누군가와 안전한 관계를 맺고 친밀감을 나눌 수 있는지 확인하는 일이다. 이것을 최종 점검하는 일을 관계망 점검(network check)이라고 한다. 힐링을 마무리하기 위해서 정말 중요한 것은 다름 아닌 관계망(network)의 형성이다.

자조 모임 'AA'

나는 미국 캘리포니아 버클리의 한 병원에서 알코올 중독 치료센터에서 근무한 적이 있다. 정신건강의학과 교수들이 중독 치료를 할 때마다 환자에게 반드시 참석하라고 제안하는 모임이 있다. 중독에서 벗어난 사람들을 회복자라고 하는데, 회복자와 지금 열심히 회복 중에 있는 사람들이 함께 진행하는 '자조 모임'에 참석하라고 강력하게 권하고는 한다.

알코올 중독의 경우 유명한 자조 모임이 있다. 흔히 'AA(Alcoholics Anonymous)'라고 부르는 모임이다. 번역하자면 '무명 알코올 중독자들'의 모임이다. 이 모임은 반드시 중독 경험자들만 참석할 수 있다.

나는 병원 내 알코올 중독 치료센터에서 일하면서 참여 관찰자로 '무명 알코올 중독자들' 모임에 꾸준히 참석할 수 있었다. 이들은 일단 모이면 둥그렇게 둘러앉고, 돌아가면서 자기소개를 했다. 집단 모임에서는 이런 절차를 '체크인'이라고 부른다. 보통 우리가 호텔에 입실할 때 하는 일이 체크인이다. 마찬가지로 이 자조 모임에 참여하기 위해서는 모두가 돌아가면서 자기를 소개하고 최근 근황을 이야기해야 공식적인 모임이 시작된다.

자기소개를 할 때는 모두 가명이 아닌 실명을 써야 하는데, 왜 이 모임을 무명이라고 하는 걸까 의아했다. 보통 미국인의 경우 참석자가 성을 포함한 풀 네임(full name)을 이야기하지 않고, 데이비드, 다이앤, 마이클 같은 퍼스트 네임(first name)만 소개해도 된다는 의미였다.

그런데 여기서 자신을 소개하는 방식이 독특했다. "나는 데이빗입니다. 나는 알코올 중독자입니다." "나는 다이엔입니다. 나는 알코올 중독자입니다." 모두가 자신의 퍼스트 네임을 소개하고는 자신은 알코올 중독자라고 밝히는 방식이다. 그러고 나서는 또다시 돌아가면서 뭔가를 이야기하도록 했다. 두 번째 라운드에서는 돌아가면서 자신이 회복을 어느 정도 하고 있는지, 단주 기간이 어느 정도인지를 밝혔다.

술을 끊은 기간이 얼마나 되었는지를 말하는 시간인데, 제일 먼저 한 사람이 3년 6개월째라고 밝혔더니 우레와 같은 박수가 터져 나왔다. 다음 사람은 이제 막 2년이 넘었다고 하니 또다시 참여자 모두 환성을 질렀다. 옆의 사람은 지금 9개월 되었다고 했고 역시 박수가 터져 나왔다. 근데 점점 단주 기간이 짧아졌다. 3개월 되었다는 사람, 지금 막 2주가 되었다는 사람도 있었다. 그렇지만 참석자들의 응원의 박수소리는 줄어들지 않았다. 여긴 무조건 박수와 환호성은 기본으로 하는 것 같았다.

그러던 중 구석에 앉아 있던 한 젊은 참석자가 입을 열었다. 자신은 지금 4시간쯤 되었다고 하는 것이 아닌가. 가만 보니 그 청년은 술을 먹은 지 얼마 되지 않아 얼굴이 아직도 벌건 것이 술이 약간 덜 깬 것 같았다. 그랬더니 갑자기 모든 참석자가 가장 큰 환호성과 박수를 치는 것이 아닌가. 그 젊은 참석자도 약간 놀란 것 같았다. 나는 여기 모인 사람들 전부 약간 술을 먹고 온 것이 아닐까 하는 의심이 잠시 들었다.

'다들 지금 뭐하는 거지? 술을 먹고 온 사람에게도 박수를 쳐주고, 뭐하는 거야?' 나는 그때 깨달았다. 회복을 원하는 중독자들이 여기 오는 이유가 바로 여기에 있었다. 그들은 이 자조 모임에 오면 '내가 혼자가 아니구나.' 하는 진한 연대감을 느낄 수 있을 것 같았다.

몇 년 동안 술을 입에 대지도 않고 있는 회복자들이 여전히 자신을 알코올 중독자라고 소개하는 것도 이해가 되었다. 중독자는 어디 가서도 실패자 취급을 받으면서 손가락질을 받는다. 대부분 가족과 관계가 틀어진 경우가 많지만, 아직 가족과 함께 사는 경우에도 자신이 왜 술을 먹는지 가족은 전혀 이해하지 못한다. 술이 그렇게 좋으냐고 비난하고 비아냥거리기 일쑤다. 자녀에게도 이미 능력 없고 의지력마저 없는 가장이 되어버렸다.

나는 많은 중독자가 이 AA 자조 모임이라는 네트워크 안에서 굉장히 큰 변화를 경험하는 것을 지켜봤다. 중독 치료를 전문으로 하는 정신의학 전문의들 모두 이 AA 자조 모임보다 더 좋은 치료법은 없다고 입을 모은다. 나는 그 이유가 궁금했다.

보통 심한 알코올 중독자들은 가족으로부터도 버림받고 거리를 다닐 때도 몸에서 술 냄새 난다고 지나가는 사람들마다 곁눈질하면서 슬슬 피해버린다. 그래서 빨개진 코를 손으로 가리고 다녀야 할 때도 많은데, AA 자조 모임에 오면 방금 전까지 술을 마시고 와도 환영을 받고 박수까지 받는다. 이런 격한 환영과 함께 이들 사이에는 자연스럽게 뜨거운 연대감이 형성된다. 그리고 어느새 자신도 모르는 사이 스스로 상처주고 또 상처받았던 마음에 평온이 깃들고 새로운 다짐이 불쑥 솟아나는 것이다. 다시 또 실패해서 이 모임에 돌아올지라도 그들 마음은 이미 조금씩 새살이 돋아나고 있다.

정신의학 전문의들은 물론 심리치료나 가족치료를 진행하는 상담사들도 심리치료나 가족치료 중에 중독자를 상담하는 일이 무척이나 어렵다는 것에 동의한다. 이유는 재발률이 너무 높기 때문이다. 다 끝난 줄 알았는데 다시 마시기 시작했다고 찾아온다. 어렵게 도박을 끊었는데 또 도박장을 찾게 되었다고 찾아오는 경우가 너무도 많다.

나는 여러 해 전 도박 중독 치료 전문가와 예방 강사를 양성하기 위해 정부가 위탁한 교육센터의 센터장을 맡은 적이 있다. 이때 중독 분야에서 최고의 전문가들을 강사로 모시고 교육 프로그램을 만들었다. 그중 국내에서 가장 오랫동안 도박중독자를 치료해온 한 정신의학과 교수 한 분이 이런 말씀을 하셨다. 한동안 도박을 끊었다가 재발하여 환자가 진료실을 찾아올 때마다 자신이 꼭 하는 행동이 있다는 것이다. 뭐냐고 물었더니, 재발해서 찾아온 그 환자를 향해 환영의 박수를 크게 쳐준다는 것이다. 그러면서 이런 환영사를 해준다고 했다. "회복자의 자리에 돌아온 걸 환영합니다!" 뭘 환영한다는 걸까. 나는 AA 자조 모임에서 박수로 환영하는 체크인 장면이 떠올랐다. 비록 이번에 실패했지만 그래도 회복에 대한 의지를 가지고 회복의 여정을 다시 시작하려는 환자에게 특별한 용기를 북돋아주는 의식적인 행동이었으리라.

재발한 환자를 박수로 환영한다는 그 정신의학과

교수 역시 진료 첫날부터 환자가 반드시 '무명 도박자(GA; Gambler Anonymous)' 모임에 꼭 다시 참석하라고 강력 권고한다고 했다.

힐링의 12단계

무명 알코올 중독자 모임이나 무명 도박자 모임과 같은 자조 모임이 그저 자기소개나 환영만 하는 것으로 끝나진 않을 것이다. 그렇다면 대체 무슨 일을 하길래 이토록 모든 전문가가 강력 추천하는 프로그램이 된 걸까. 나는 이런 관계망이 중독 치료 자조 모임에서 어떻게 구체적으로 작동하는지 자세히 들여다보기로 했다.

AA 자조 모임에 뼈대가 되는 프로그램이 있다. 전통적으로 이 프로그램을 '12단계'라고 이름 붙였다. 12단계 프로그램을 잘 살펴보면, 자연스럽게 이 AA 자조 모임의 기본 철학을 알 수 있다. 그 내용을 보면 의아해하는 사람도 많다. 마치 종교기관에서 만든 전도지 같은 느낌이 든다고 한다.

일단 1단계, 2단계, 3단계를 소개해본다.

1단계: 우리는 중독에 무력했으며 우리 스스로 변화될 수 없다는 것을 받아들인다.

이건 익히 배운 수용의 태도이다.

2단계: 인간보다 더 위대한 힘(The Higher Power)이 우리를 회복시킬 수 있음을 믿는다.

여기서 '더 위대한 힘'이 무엇일까? 종교인이라면 이는 절대자나 조물주를 의미할 수 있는 용어다.

3단계: 인간보다 더 위대한 힘의 돌보심에 우리의 의지와 생명을 맡기기로 결정했다.

자, 어떤 느낌이 드는가? 마치 어느 특정 종교집단의 서약서 같지 않은가. 단계가 진행되면 진행될수록 이런 인상은 더욱 강화된다. 그간 자기가 저지른 잘못을 반성하고 가족들에게, 그리고 또 인간보다 더 위대한 존재에게도 잘못을 고백하고 용서를 구하는 단계도 있다.

그럼 중간 단계를 생략하고 마지막 11단계와 12단계를 보자.

11단계: 인간보다 더 위대한 힘과 내가 의식적인 접촉을 증진하겠다. 그래서 우리가 회복의 실천을 이어가도록 힘을 달라고 내가 간청하겠다.

이쯤 되면 종교집단의 신앙고백서와 진배없다고 느낄 것이다. 마지막 단계는 이렇게 끝난다.

12단계: 일상생활 중에 계속해서 실천하겠다는 다짐과 함께, 주위에 있는 중독자 친구들에게 이런 원칙을 전달하려고 노력하겠다.

보통 종교 집단에서는 이런 행위를 전도 혹은 포교

라고 한다. 12단계의 마지막 다짐도 이와 크게 달라 보이지 않는다.

나는 이 '12단계'를 가장 궁극적인 힐링 네트워크라고 부르고 싶다. 내가 종교인이기 때문이 아니다. 이 AA 자조 모임의 12단계 프로그램에 참석하는 사람들이 모두 종교를 가진 것은 아니다. 종교가 없는 이도 있고, 저마다의 종교를 가진 이들이 한데 섞여 있다.

그래서 특정 종교의 하느님(God)이나 알라(Allah)라는 단어보다 '인간보다 더 위대한 힘(The Higher Power)'라는 용어를 썼는지 모른다. 하지만 '인간보다 더 위대한 힘'이 종교적으로 하느님인지 알라신인지 그건 별로 중요하지 않다. 내가 이 책 맨 앞에서 힐링의 대전제로 언급한 "Medicus curat, Natura sanat(의사는 치료하고, 자연은 치유한다)"라는 문장을 기억하는가? 이때 이 명제 안에는 인간의 의지와 힘을 초월한 자연이 주는 그 치유력을 인간이 믿고 거기에 의지해야 한다는 수용의 의미가 이미 포함되어 있었던 것이다.

평생을 중독자 치료에 헌신한 대부분의 전문가가 이

'12단계'가 최고의 치료법이라고 하는 이유는 바로 힐링 네트워크를 통한 초자연적인 회복력 혹은 자기초월적인 치유력과의 연대감이 중독자 치료와 회복에 가장 결정적인 역할을 하고 있다는 방증이기도 하다.

치유하는 사람들

병의 원인을 어떻게 이해하느냐에 따라서 서양의학과 동양의학의 특징이 나뉜다. 서양의학에서는 병의 원인을 선형적으로(linear) 이해하여, 그 원인을 제거하는 것이 치료라고 믿는다. 당연히 수술문화가 발달한다. 곪은 부위를 도려내고 종양을 제거하는 것이 치료다. 거기에 비해 동양의학에서는 병의 원인이 하나라는 생각을 하지 않는다. 여러 원인이 굉장히 유기적으로 얽혀 있다. 침술을 예로 들어보자. 아내가 출산 후 팔의 인대가 늘어났다는 진단을 받고 한의원에 간 적이 있다. 당연히 팔 근처에만 침을 놔줄 줄 알았는데, 아내를 눕게 하더니 온몸에 침을 놓는 것이 아닌가. 심지어는 발가락에까지 침을 놓는 것이다.

나는 팔 인대가 늘어났는데 온몸에다가 침을 놓는지 그 이유를 물었다. 한의사는 몸 전체의 혈이 순환이 되지 않으면, 또다시 한쪽 팔의 인대가 늘어날 수밖에 없다고 했다. 그리고 몸 전체의 균형이 안 맞아서 그런 거지 인대만 문제가 있는 것은 아니라고 했다. 이것이 바로 서양의 수술과 동양의 침술의 차이가 아닐까.

　　최근 자연재해, 천재지변, 혹은 사회적 재난으로 인해서 큰 피해를 입은 사건이 자주 발생한다. 그 사건을 되돌리기는 어렵다. 그래서 더욱 무력해지기 마련이다. 책임 소재를 규명하고 보상하는 일이 최우선적으로 고려되어야 하는 최소한의 힐링 조건일 것이다. 이런 절차는 당연히 중요하다. 국가는 진상 파악과 피해 보상을 넘어서 이런 피해자들을 정서적으로 지원하기 위한 네트워크를 만드는 일에 최선을 다해야 한다. 피해자들은 오히려 자신의 정서적인 피해에 대해 관심을 쓰지 못하고 방치하더라도, 국가가 책임지고 나서서 그들을 체계적으로 돌볼 수 있는 관계망 시스템을 제도적으로 만들 필요가 있다.

　　일본의 역사 왜곡으로 인해서 오랜 세월 고통 받아

온 전시 성폭력 피해여성들, 소위 위안부 할머니들이 있다. 이분들의 힐링은 어떻게 가능할까? 물론 잘못에 대한 가해 당사자의 인정과 사죄가 가장 중요한 조건이다. 할머니들도 이것을 제일 바라신다. 그런데, 이런 절차가 잘 이루어지지 못하고 있다. 이루어지지 않으면 어떻게 해야 하는 걸까? 궁극적인 치유는 전혀 불가능한 걸까? 우리는 늘 일본 정부의 반응만 기다려야 되는 그런 피동적인 태도를 취할 수밖에 없지 않은가.

나는 위안부 할머니들이 지탱하도록 돕는 네트워크의 힘을 직접 경험해보도록 학생들에게 '수요 집회' 참석을 과제로 내고는 했다. 자칫 어떤 특별한 시민단체들이 매주 하는 정치 집회라고만 여길 수도 있다. 수요 집회라고 부르는 이 모임의 정식 이름은 '일본군 성노예제 문제 해결을 위한 정기 수요 시위'다. 1993년에 100회를 했고, 2011년에는 1,000회째 집회를 거행했다. 어떤 때는 실시간으로 전 세계 도처에서 같은 시간에 집회를 열기도 한다.

나는 학생들과 함께 수요 집회에 참석한 적이 있다. 피켓을 들고 저항의 구호를 외치는 사람들 사이에서 중학생처럼 보이는 여학생이 눈물을 쏟고 있었다. 좀처럼 울음을 그치지 않아, 나는 걱정스럽게 물었다. "학생, 혹시 저기 할머니들이랑 어떤 관계가 있나요?" 그 학생은 나를 빤히 쳐다보더니 이렇게 말했다. "아저씨, 생각해보세요. 저보다도 훨씬 어린 나이에 당하신 거잖아요. 얼마나 무섭고 창피하셨을까요?" 여학생은 닭똥 같은 눈물을 뚝뚝 흘렸다. 내 가슴에 큰 울림을 주는 답변이었다.

나는 수업 보고서를 통해 수요 집회에 참석한 학생들이 이후 다양한 방식으로 할머니들과 연대하고자 하는 노력을 이어가는 것을 발견했다. 할머니들에게 정기적으로 편지를 쓰고자 다짐하는 학생도 있고, 할머니를 위한 노래를 작곡하여 연주하겠다고 기획하는 학생도 있었다. 이런 학생들 대부분은 모두 일본 정부에 대한 강한 분노감에 의해 움직였다기보다는 할머니의 내면 상처와 아픔에 뜨겁게 공감하여 결심하는 경우가 훨씬 많았다.

일본 정부에 대한 저항감뿐 아니라 할머니들이 느꼈을 수치심까지 공유할 수 있는 공간. 이것이 바로 앞서 언급한 구심력 감정의 공감이 이루어지는 힐링 네트워크이다. 커다란 공권력이나 재난 앞에 무력한 한 개인이 궁극적인 치유를 경험할 수 있는 공간은 상담실이나 쉼터에만 머무를 수 없다. 마음을 나누는 다양한 사람과의 긴밀한 네트워크 구축을 통해 상처들을 꺼내놓고 유기적으로 치유하는 공간이 절대적으로 필요하다.

소셜 테라피

유학 시절 수련을 받던 상담센터에서 '소셜 테라피(social therapy)'라는 말을 처음 들었다. '사회를 치료해? 어떻게 사회를 치료하지?' 그런데 내용을 들어보니까, 사회적이고 구조적 악에 대항할 수 없는 무력한 내담자를 돕는 방법을 칭할 때 이런 용어를 쓰고 있었다. 결국 이러한 방식은 사회적 치유를 위한 네트워크를 만들어가는 방식을 의미했다.

　　소셜 테라피의 진행 방식은 다음과 같았다. 첫 번째는 소규모 지원그룹을 만든다. AA 자조 모임 같은 모임을 만드는 것이다. 두 번째 단계는 세상 밖으로 나간다. 그렇다고 대단한 일을 도모할 수는 없다. 입법을 추진하는 국회의원도 아니고, 제도를 단숨에 만들 수도 없다. 그래서 '상징적인 집단행동(symbolic collective act)'을 추진한다. 예를 들면, 평화시위나 촛불집회 등을 기획하는 것이다. 수요집회도 바로 상징적인 집단행동에 해당한다. 세 번째는 제도적으로 관련법을 만들어달라고 법제정을 위한 캠페인 같은 걸 기획하는 일이다. 세월호 유가족이 참사 직후에 특별법 제정을 위해서 전국 순회 서명운동을 전개한 적이 있다. 바로 이런 캠페인이 여기에 해당할 수 있겠다.

소셜 테라피의 3단계 추진 방식을 들여다보면, 이건 정치적 행동이지 치유를 위한 프로그램이 아니라고 여길 수도 있다. 하지만 그렇지 않다. 세월호 유가족이 특별법 제정을 위한 전국 순회 서명 운동 중 자신들에게 가장 큰 위로와 치유를 안겨준 이들은 바로 광주 5·18 유가족이었다고 고백한 적이 있다.

이유가 무엇일까? 유가족이 말했다. "우리는 그저 아무 말 없이 보자마자 그냥 부둥켜안고 한참을 울었어요." 그렇다. 겉으로는 매우 정치적 행동처럼 보이지만,

그러한 네트워크 활동을 하는 가운데 자신들의 아픔을 공유하는 여러 사람과 연결되고 그 과정에서 경험한 뜨거운 공감이 진정한 치유를 선사하는 것이다. 함께 걷고 함께 시위하는 상징적 집단행동 가운데에서 마음속 꽉 뭉쳐 있던 무력감과 자괴감 등 구심력 감정까지 표출할 수 있도록 하는 것이 네트워크의 힘이다.

우리도 이런 네트워크에 한번 참여해보면 어떨까. 힐링 네트워크에 참여하는 것은 대단한 정치적 신념이 없어도 괜찮고, 꼭 자신이 중심에 있을 필요도 없다. 그저 참여하는 것만으로 누군가에게는 엄청난 치유의 동력이 될 수 있다. 어떤 세월호 유가족은 길을 가다가 노란 리본 배지를 단 사람만 봐도 눈물이 난다고 했다. 그리고 알 수 없는 힘이 생긴다고 했다.

growth

08

자신의 상처는
치유될 수 없을 거라는 사람에게

성장하는 끝점

내가 미국에서 처음 인턴 상담사로 일할 때의 일이다. 슈퍼바이저가 사례보고회 때 발표자에게 항상 묻는 질문이 있었다. 첫 번째 질문은 발표하는 인턴 상담사의 임상적 강점(strength)을 묻는다. 그런데 나는 아무리 생각해도 강점으로 내세울 만한 것이 떠오르지 않았다. 내가 나의 모국어인 한국말로 상담을 했다면 강점을 찾을 수 있었을지 모른다. 내담자의 말을 알아듣기도 힘들 때가 많은데, 임상적 강점이라니 가당치도 않았다.

  강점을 묻는 질문에 제대로 답변을 못하면, 내 슈퍼바이저는 늘 의아해했다. 왜 강점을 찾지 못하는지 답답해했다. 어느 날 슈퍼바이저는 내게 이렇게 말해주었다. 나의 임상적 강점은 미국인 내담자들이 나를 만만하게 볼 수도 있다는 점이라고. 그것이 오히려 임상적으로 도움이 될 수도 있다고 말이다.

처음에는 슈퍼바이저가 그저 농담하는 줄로만 알았다. 그게 대체 어떤 강점이 될 수 있을까 싶어서 말이다. 그런데 이를 테면 '조건부 자기 존재감'을 가진 내담자는 대부분 상담사를 향해서도 평가 불안을 느낀다. 그러니까 나의 슈퍼바이저는 내담자가 영어도 서툴고 어리숙해 보이는 나 같은 상담사가 자신을 혹독하게 평가하지는 않을 거 같다는 일종의 안도를 한다는 것이다. 게다가 나이도 젊으니 누구나 쉽게 편하게 느낄 가능성이 높다고 말이다. 그건 분명한 나의 임상적 장점이라고 했다. 함께 있던 인턴 동료와 선배 상담사들도 고개를 격하게 끄덕였다. 나는 그런 진단이 과연 칭찬인지 놀리는 것인지 영 헷갈리는 기분이 들었다.

나의 임상적 약점(weakness)이나 한계점을 물어보면 정말 할 말이 많을 듯싶었다. 그런데 슈퍼바이저의 다음 질문은 전혀 다른 것이었다. "당신의 성장하는 끝점(growing edge)은 무엇입니까?" 처음 들어보는 말이었다. 성장하는 끝점이라니!

　의미는 이런 것이었다. 나뭇가지를 한번 생각해보라. 큰 줄기에서 나뭇가지가 뻗어 나오고 있다. 그런데 끝에 봉우리가 맺혀 있다. 그러면 이 봉우리가 가지의 끝점이다. 하지만 이것이 끝이 아니다. 왜냐하면 이 나무는 아직 성장하는 중이기 때문이다. 이 봉우리가 조금만 있으면 꽃이 될 수 있다. 그러다가 이 나무에는 열매가 맺히기도 한다.

　개인 지도 감독 시간에 슈퍼바이저는 내게 이런 말을 했다. "지금 바로 생명이 끝나는 것이 아니라면, 너의 성장은 끝난 게 아니야. 너는 지금 상담사로 성장하고 있잖니? 너 지금 겨우 인턴이잖아." 지금 내가 단점이나 한계점이라고 여기는 것들이 내 성장의 끝이 아니다. 나는 아직 봉우리도 맺지 못했고, 더더구나 꽃을 피우거나 열매를 맺은 것도 아니다. 여전히 무럭무럭 자라나고 있을 뿐이다. 감동이 물밀 듯 밀려왔다.

　마찬가지로 우리 모두가 지금 생명을 유지하고 있는

존재라면, 당연히 아직 성장이 가능한 존재라는 의미다. 그런데 아주 조그마한 특정 조건만을 가지고 어떠한 긍정적인 미래의 변화도 불가능하다고 믿는다면, 우리 안에 있는 생명과 그 생명력을 무시하는 것이다. 그렇게 본다면 자신의 생명과 성장에 대한 불신이 힐링을 가로막는 가장 큰 장애물일 수도 있다. 지금 우리에게 생명이 있다는 건 어떤 모양이든 어떤 방식이든 성장이 가능하다는 것을 의미하기 때문이다. 그렇다. 이제 우리가 온전한 회복의 끝에 얻고 싶은 것, 성장(growth)에 대해 이야기할 차례다.

'7 Up' 호흡법

생명과 성장은 동전의 앞뒷면처럼 연결되어 있다. 생명체로 살아있다는 것은 매일 조금씩 자란다는 것을 의미한다. 그렇다면 생명과 성장에서 가장 중요한 요소는 무엇일까. 호흡이다. 생명과 성장의 가장 확실한 증거는 바로 우리가 1분 1초도 쉬지 않고 숨을 쉬고 있다는 것이다.

　　스스로 숨을 쉬지 못하면 생명이 끊어진 것이다. 그

런데 문제는 우리가 이런 숨을 잘 못 느끼고 산다는 점이다. 평소에 자신의 숨을 느끼고 사는 사람은 거의 없다. 그러던 것이 뜻밖의 장애물 코비드19를 만나 매일 마스크를 쓰게 된 뒤에야 우리는 우리가 매일 매순간 숨을 쉬고 살고 있음을 새삼 느끼고 있다.

먼저 숨의 정의부터 해보자. 성서에서는 숨은 바람이란 뜻이다. 구약의 첫 번째 책 「창세기」에서 조물주가 세상을 창조할 때에 창조물 중에서 유일하게 인간에게만 베풀어준 선물이 있다. 그것이 바로 '조물주가 불어넣은 바람', 즉 숨이다. "조물주가 흙으로 사람을 빚으시고 친히 생기(바람)를 빚어진 인간의 코에 불어넣었더니 사람이 생령(살아있는 영혼), 즉 생명을 가진 인간이 되었다"(「창세기」 2장 7절)는 것이다. 이때 이 '생기'라는 단어는, 바람이란 뜻인데 히브리어로는 루아흐(rûah)라고 한다. 이 단어는 희랍어 성서에는 프뉴마(pneuma)가 되고 라틴어에서는 스피리투스(spiritus)로 변한다. 영어 단어 영혼(spirit)은 바로 이 라틴어를 어원으로 한다.

그러니 어원적으로 숨과 영혼은 뿌리가 같다. 숨은

우리의 신체 기관, 즉 물, 근육, 골격, 혹은 혈액과 같은 물질을 살아있는 존재로 만들어주는 신비한 힘을 가지고 있다. 우리 몸에서 숨이 끊어지면 인간은 바로 물질로 전락하고 만다. 그래서 「창세기」에는 스스로 호흡하는 인간 생명체를 생령(살아 있는 영혼의 존재)이라 한 것이다.

비과학적인 신화 같은 이야기라고 코웃음을 치는 사람도 있을 것이다. 하지만 의학이나 과학 분야에서도 호흡의 중요성은 절대적이다. 많은 정신의학 전문가들이 트라우마와 같은 지독한 불안 장애를 가진 이를 치료할 때 제일 먼저 처치하는 방법은 깊은 호흡과 이완 요법이다. 깊은 심호흡을 통해서 신체 전체를 이완시키고 의도적으로 숨을 느끼면서 쉬도록 한다. 들숨을 들이마시고 천천히 날숨을 내뱉으면서 자율신경을 균형감 있게 안정시키는 일도 호흡을 통해서 가능하다.

내가 트라우마 집중치료를 배울 때 지도교수는 '세븐업 호흡법'을 소개해주었다. 기억하기 좋도록 음료수 '7 Up'에서 따온 명칭 같았다. "7분 동안 업(up)을 시키라는 의미는 들숨을 7초간 들이마시라는 거예요." 그리고 10초 이상 내뱉는 호흡법이다. 처음에는 3초 정도 들이마시고 5초 정도 내뱉는 식으로 진행하다가, 차분히 진행이 되기 시작하면 7초까지 들숨을 마셔보도록 한다는 것이다. 별거 아닌 듯 쉬워 보이지만 이 정도가 쉽게 되는 사람은 평소에 고도의 복식호흡 훈련을 하는 명상가들 정도일 것이다.

불안 증세가 심한 트라우마 환자들도 이렇게 '세븐업 호흡법'을 목표로 심호흡을 하도록 권하면 자율신경계의 부교감신경이 활성화되면서 요동치는 불안감도 자연스럽게 조절될 수 있는 환경이 조성된다는 것이다. 교감신경이 지나치게 활성화되어 혈압과 심장박동이 함께 높아지면 불안감을 조절하는 일이 훨씬 어려워지기 때문이다.

어쨌든 이런 호흡법은 물리적인 숨의 기능만 활성화하는 방법이다. 어원이 지시하는 대로 숨은 단순히 신체기관의 호흡만을 의미하지 않는다. 인격의 지속적 성장을 위해서는 영혼의 숨을 활성화하는 것이 더욱 중요하다. 인생이 끝장난 것 같은 절망감에 빠져도 영혼이 숨을 쉬면 성장이 가능하기 때문이다.

영혼의 숨을 우리에게 불어넣는 아주 손쉬운 방법을 소개해본다. 성서에 등장하는 창조 설화를 다시 살펴보자. 기독교 성서는 '조물주가 모든 창조물을 말씀으로 창조하셨다' 기록하고 있다. 창조물을 존재하도록 말씀하시면 그것이 창조되었고, 이후 창조물을 보고 참 좋다고 감탄하는 장면이 등장한다. 어떻게 말 한마디로 창조를 하냐고 삼척동자도 믿지 못할 이야기라고 치부할 수 있다.

나는 조물주가 창조에 사용했다는 '말씀(The Word)'을 주목해보려고 한다. 순우리말인 말씀이란 단어는 '말'의 존대어다. 혹시 이 말씀을 '말-숨'이라고 생각해본 적이 있는가. 말씀(말-숨)은 말에 생명의 숨을 불어넣는 행위를 포함한다.

말에 숨을 불어넣은 말-숨이 말씀이라고 여기면, 모든 창조물을 아름답다고 감탄하며 칭찬하실 때, 이로 인해 만물이 생명을 부여받는 장면으로 이해할 수 있지 않을까? 우리 모두 갓난아이 때부터 주위로부터 참 따뜻한 말-숨을 들으면서 성장해온 것을 기억하는가.

모든 어른이 갓 태어난 아이를 보면 감탄을 아끼지

않는다. 어려운 출산 과정을 헤치고 나온 갓난아이의 얼굴이 때로는 찌그러져 있기도 하고, 붉은 반점이 깨끗하게 가시지 않는 모습일 때도 있다. 하지만 그 누구도 아이의 모습을 추하다고 여기지 않는다. 참 예쁘고 복스럽고, 씩씩해 보인다는 감탄만이 흘러나올 뿐이다. 분명 조물주가 전달한 아름답다는 말씀(말-숨)과 진배없다. 그래서 우리는 그런 따뜻한 말-숨을 듣고 몸과 영혼이 무럭무럭 자라게 된다. 그러다가 갑자기 부모나 어른들의 거친 막말이 시작된다. 그러면 점점 몸은 커갈지 모르겠으나 영혼은 점점 성장이 더뎌진다.

너무 신화 같은, 아니 만화 같은 이야기라고 코웃음 치는 사람도 있으리라. 그렇다면 교과서에도 등장하는 '밥 실험'은 어떻게 설명할 수 있을까. 방송에도 여러 번 소개된 이 밥 실험은 간단하다. 밥을 두 공기를 퍼 놓고 규칙적으로 이 밥에 말을 전달하는 것이다. 한쪽 밥에는 하루에 몇 번씩, '짜증 나! 짜증 나!' 부정적인 말을 한다. 다른 밥에는, '고마워! 고마워' 따뜻한 긍정의 말을 하는 것이다. 놀랍게도 하루, 이틀만 지나도 변화가 벌써 감지된다. 약한 달 정도 꾸준히 실험을 하고 난 결과를 보면 놀라지 않을 수 없다.

우선 짜증 난다는 말만 들은 밥은 지독한 악취를 풍기면서 부패되어 있다. 그러나 고맙다는 인사를 들은 밥은 마치 꽃모양처럼 누룩이 핀 예쁜 모습을 하고 있다. 이러한 결과에 어떠한 과학적인 설명을 제공하기는 어렵다. 대체 밥이 말을 알아듣는다는 건가. 다만 이야기할 수 있는 것은 우리가 쓰는 언어에도 생명을 성장시키는 영혼의 숨이 숨겨져 있다는 것이다.

영혼도 숨을 쉰다. 우리는 평소에 우리의 영혼이 숨이 막혀 비실거리고 있는지 숨을 잘 쉬고 있는지 인식하지 못한다. 우리의 영혼이 숨을 잘 쉬지 못하면 우리의 성장도 미미해지고 말 것이다.

그럼 영혼을 충분히 숨 쉬게 하는 방법에는 무엇이 있을까? 밥 실험이 우리에게 보여주듯 짜증이나 화를 내는 말보다 따뜻한 말-숨을 회복하는 것이 가장 확실한 방법이다. 우리 스스로도 고맙다, 아름답다고 하는 말-숨을 자주 써야 한다. 이것이 우리 스스로 영혼이 소생하고 회복하도록 돕는 일이 된다. 우리 주위의 사람들도 마찬가지다. 우리가 주위에 소수의 사람에게라도 그들에게 생명을 불어넣는 따뜻한 말―숨을 제공할 수 있다면 세상은 좀 더아름다워질 수 있을 것이다.

이만스의 '억지 감사 실험'

우리 주위에는 따뜻한 말―숨을 단 한마디도 들을 수 없는 사람이 너무 많다. 어떻게 하면 좋을까. 미국의 사회심리학자 로버트 이만스(Robert Emmons) 교수는 감사에 대한 연구로 유명하다. 그는 병원에서 여러 환자에게 '감사일기(gratitude journal)'를 쓰도록 했다. 매일 하루를 마감하면서 감사한 일을 몇 가지라도 적어보는 일이다. 스스로 자신을 돌아보면서 감사함을 표현하게 하는 것이다.

연구를 위해 실험에 참여하는 환자에게는 상품권 등 조그마한 사례를 지급한다. 그러면 실험 참여자들은 억지로라도 감사일기를 쓰게 된다. 수술을 앞두고 두려운 마음이 가득 차도 옆에 가족이 있다는 것을 감사할 수 있다. 도저히 감사할 일이 없다고 하면, 지금 살아있음에 감사할 수 있다. 실험 참여자들은 최소한 숨을 쉬고 있음에 감사할 수 있었다.

연구에 참여한 사람들은 억지로라도 감사일기를 꾸준히 썼다. 이만스 교수는 이렇게 한 달만 지나도 눈에 띄는 차이가 나타났다고 했다. 환자의 통증도 줄어들고 특히 심장 건강에 유의미한 변화도 나타났다. 수술 후 재발 방지에 도움이 되었을 뿐 아니라, 환자의 불안이나 우울감 감소에도 큰 도움이 되었다.

억지로라도 매일 자신의 삶을 향해 감사의 이유를 생각하고 느끼며 글로 써보는 행위가 어떤 역동을 일으킨 걸까. 자신의 감사 표현을 눈으로 확인하는 동안 스스로 고맙다는 말-숨을 활성화시킬 수 있었던 것은 아닐까? 이러한 말-숨은 실험 참여자의 신체 건강은 물론 영혼 건강에도 긍정적인 영향을 끼쳤으리라.

개인적인 친분이 있는 이만스 교수는 내게 이런 후일담을 전해주었다. 보통 실험이 끝나면 어떤 사람들은 참여 사례비를 수령하고 난 후에는 더이상 감사일기를 쓰지

않는다고 했다. 그런데 가끔 실험이 끝난 후에도 감사일기
쓰기를 지속하는 이들이 있다는 것이다.

실험이 끝났는데도 계속해서 감사일기를 쓴 사람들
과 중단했던 사람들에게도 분명한 차이가 발생했다. 이만
스 교수의 사후 조사에 의하면, 감사일기 쓰기를 그만둔
사람은 이전의 건강 호전 효과도 중단되더라고 했다. 그런
데 계속 감사일기를 쓴 사람은 여전히 건강이 호전되는 효
과를 거두고 있음을 확인하였다는 것이다.

이만스 교수의 실험 결과는 자기 삶의 일부를 마음
속 깊이 받아들이고 고마운 일이라고 인정하기, 처음에는
잘 믿어지지 않더라도 억지로라도 말하고 고백하고 글로
적는 것 자체만으로 영혼에 숨을 불러일으킬 수 있다는 그
런 확증 아닐까?

돌이킬 수 없는 시간 앞에서

나는 가끔 상담 첫날부터 자신은 상담을 받아도 절대 치유
가 힘들 것이라고 우기는 내담자를 만난다. 특히, 유료 상

담을 신청하고 온 내담자가 이런 이야기를 하면 약간 당황스럽기도 하다. 적잖은 비용을 내고 왔는데, 당연히 치유가 된다고 믿고 치유를 경험해야 본전 생각이 안 날 텐데, 왜 초장부터 포기하고 체념하는지 내면의 진짜 동기가 궁금했다. 기대가 있을 텐데 왜 시작부터 '나는 상담해도 소용없다' 이런 이야기를 하는 걸까 진한 의구심이 들었다.

내 임상 경험으로는 대부분 이런 엄포를 놓는 내담자들은 보통 두 가지 강력한 이유가 있다는 것을 알 수 있었다. 첫 번째는 과거에 어떤 충격적인 사건이 있어서, 그 사건으로부터 벗어나지 못하는 경우다. 마음에 지우개가 있어서 싹 지우면 좋겠는데 그걸 어떻게 해소하지 못해서 상담가를 찾아온 경우다.

두 번째는 내담자가 외부환경 때문에 치유가 불가하다고 믿는 경우다. 주로 이 경우는 가족 탓을 하는 경우가 많다. 가족이 정말 도움이 안 되는 사람들이라고 한탄한다. 흙수저로 태어난 자신의 환경이 문제이고, 폭력적인 부모와 가정환경 때문에 도저히 개선의 여지가 없다고 믿는다.

정리하면 자신에게 트라우마를 남긴 과거의 사건 때문에, 아니면 어떻게 해도 없어지지 않을 가족이나 외부환경 때문에 현재의 변화가 불가능할 것이라는 판단을 앞세운다. 가끔 두 가지 이유가 합해진 경우도 있다.

　　내가 미국에서 임상훈련을 받은 센터는 주로 부부와 가족상담이 많은 곳이었다. 어느 날 배우자의 외도로 인해 상담센터를 찾아온 부부가 있었다. 30대 젊은 부부였고, 아내의 외도를 남편이 알게 되었다. 아내는 잘못을 인정하고 바로 부적절한 관계를 정리하고 가정으로 돌아왔다. 이들에게는 어린 자녀도 있었다.

　　아내는 용서를 구하고 가정으로 돌아와서 이제 다시 정상적인 가정을 이루어 살게 되었다고 믿었다. 그런데 남편은 스스로 고통을 견디지 못하고 상담을 신청했다고 했다.

　　남편은 부부 상담 첫 회기에 아내의 외도를 용서하고 싶지만, 그것이 트라우마가 된 것 같다고 했다. 남편은 TV를 보다가도 여성이 나오고 그 여성이 또 노출이 심한 옷을 입고 있는 장면을 보면 갑자기 가슴이 조여온다고 했다. 그 여성이 자꾸만 아내의 얼굴로 보인다고 했다. 다른 남자와 함께 있는 자기 아내가 생각이 나서 갑자기 화가 치밀고 틈만 나면 그런 상상이 밀려와 미치게 만든다고 했다.

남편은 내게 이렇게 물었다. "어떻게 아내가 외도를 하기 전으로 돌아갈 수 있죠? 어떻게 예전으로 돌아갈 수 있을까요? 가능할까요? 난 도저히 불가능할 것 같은데, 이렇게 상담을 받으면 그게 가능한가요?"

갑자기 내담자가 그런 식으로 질문하니까 당황스러운 마음에 일단 가능하다고 답했다. 상담을 잘 받으면 치유가 가능하고, 예전처럼 좋은 부부 관계로 돌아갈 수가 있다고 말이다.

그렇게 첫 상담 회기가 끝난 다음에 슈퍼바이저한테 남편의 돌발질문과 내 답변에 대해 물었다. "교수님, 저 대답 잘한 것 맞나요? 예전으로 돌아갈 수 있냐고 물어보던데. 예전으로 돌아갈 수 있다고 해도 되는 거죠?"

안 그래도 큰 눈을 더 크게 뜨면서 교수는 내게 말했다. "무슨 소리? 당연히 못 돌아가지!" 난 가슴이 철렁 내려앉았다. '아니, 그러면 왜 상담을 받는 거지? 그럼, 나는 어떤 도움을 줄 수 있다는 거지?' 나는 슈퍼바이저가 나를 놀리려고 농담을 하는 줄 알았다.

슈퍼바이저는 말을 이어갔다. "생각해봐. 어떻게 예전으로 돌아갈 수가 있어. 상담이란 건 예전과는 전혀 다른 차원에서 새로운 관계를 맺어가도록 돕는 거야. 어떻게 과거에 생겼던 사건 이전으로 돌아갈 수가 있어. 그건 절대 불가능해."

그 말을 들으니 더욱 혼란스러웠다. 여전히 당황스러워하는 내 표정을 읽었는지, 슈퍼바이저는 내가 지금도 잊지 못하는 이야기를 해주었다. "부부관계도 하나의 생명체야. 그래서 성장이 필요해. 네가 상담사로서 해야할 일이 있어. 맨 먼저 남편에게 지금 현재의 부부관계가 형성되는 데에 남편이 그동안 한 일, 그리고 아내의 외도로 인해 지금의 관계가 되었는데 그동안 남편은 어떤 기여(contribute)를 했는지부터 물어봐야 해."

갈수록 난감했다. 난 영어 단어 기여(contribute)를 잘못 들은 것이 아닌지 확인부터 했다. 남편이 아내의 외도에 어떻게 기여 혹은 공헌했는지 물어보라니. 혹시 이 영

어 단어에 다른 뜻이 있나. 슈퍼바이저는 자신이 의미하는
바가 내가 생각하는 것과 같다고 확인해주었다.

남편에게 자신이 아내의 외도에 기여한 바가 있느냐
고 물으면 펄쩍 뛸 것 같다고 했더니, 슈퍼바이저는 바로
그것이 핵심이라고 지적했다. 남편은 분명 자신의 아내에
게 100퍼센트 잘못이 있다고 믿고 자신은 잘못한 것이 전
혀 없다고 믿고 있을 것이라고 했다. 모든 것이 아내 잘못
이고 모든 것이 아내의 외도 때문이라고 믿으면 그 부부관
계는 더 이상 절대 성장할 수 없다는 것이다.

남편과 아내 모두 이제 새로운 관계 정립을 위해서
서로 해야 할 일이 무엇인지를 찾는 일이 두 사람의 관계를
성장시키는 데 절대적으로 필요했다. 그런 성장을 위해서
상담사가 도움을 줄 수 있다는 말 같았다. 사건 이전으로
돌아가는 것이 아니라, 새로운 차원의 관계로 성장시키는
것이 상담의 목표가 되어야 했다.

건설적인 이혼

내가 미국에서 부부 및 가족상담사로 일하면서 가장 놀란 일 중 하나는 부부가 이혼 직후에 상담센터를 찾아온다는 것이었다. 바로 지난주에 합의 이혼한 부부가 함께 상담을 하러 온다면 어떤 느낌이겠는가. 일단 너무 의아했다. 아니, 이혼하기 전에 와야 되는 것이 아닌가. 나중에 안 사실은 상담센터가 위치한 카운티에서는 합의 이혼한 부부에게 어린아이가 있는 경우, 법원에서는 이혼 후 상담을 필수적으로 요구하고 있었다. 하지만 이미 남남으로 헤어진 전남편과 아내가 함께 와서 상담을 받는 것은 여전히 내게는 문화적 충격이었다.

또다시 용기를 내어 슈퍼바이저에게 질문을 했다. "교수님, 이혼한 후에 상담하면 무슨 소용이 있나요? 이혼하기 전에 와야 되는 것 아닙니까? 이미 이혼한 후에 상담이 어린 자녀에게 무슨 도움을 준다는 건지 이해가 안 됩니다."

슈퍼바이저는 눈이 휘둥그레졌다. "무슨 소리? 난 그런 질문을 하는 네가 더 이상해!" 괜히 물어봤나 싶은데,

그래도 궁금해서 다시 물었다. "아니, 이미 엎질러진 물 같아서 그런 거예요."

슈퍼바이저는 내게 차분하게 설명을 이어갔다. 지금 그 두 사람은 인생의 가장 중요한 순간을 맞고 있다면서, 스스로 결정한 두 사람의 이혼이 '건설적인 이혼(constructive divorce)'이 될 수 있도록 상담사의 도움이 절실하다는 당부의 말을 했다.

다시 나는 깜짝 놀라지 않을 수 없었다. '건설적인 이혼'이라니, 건설적 이혼을 위해서 상담이 중요하다고 하니 더 궁금증이 일었다. 아마도 당시 내가 가지고 있는 이혼에 대한 이해는 건설(construction)이기보다는 해체(destruction)에 가깝다고 여겼기 때문이리라.

내가 관계가 붕괴되는 것이 이혼이라는 선이해를 가지고 '건설적인 이혼'을 잘 이해하지 못하는 눈치를 보이자, 슈퍼바이저의 일침이 가해졌다. "왜? 이혼이 인생의 끝이야? 아니잖아? 이혼한 이들도 여전히 성장해야 되기 때문에 지금 네 상담이 진짜 중요한 거야! 정말 모르겠니?"

이혼한 이들은 더 이상 법적 부부관계가 아니더라도

자녀를 함께 키우는 공동 양육자의 관계는 여전히 유효하
다. 반드시 지금보다 성장해야 한다. 그래야 어린 자녀에
게 나쁜 영향을 최소화할 수 있고 그들이 건강하게 자라도
록 도울 수 있다. 그래서 미국의 지방자치단체는 어린 자
녀가 있는 합의 이혼의 경우 사후 상담을 반드시 필수로 규
정했던 것이다.

상처 입은 자의 특권

과거에 어떤 트라우마가 있다고 모두가 장애를 안고 사
는 것은 아니다. 최근 트라우마 연구자들은 '외상 후 성장
(post-traumatic growth)'이라는 용어를 즐겨 사용한다. 외상 후
에 반드시 스트레스 장애(stress disorder)만 있는 것이 아니고
성장하는 방향으로 나아가는 경우도 많다는 의미다.

　　연구자들은 어떨 때 역경을 가진 사람이 성장했다고
평가하는 것일까? 무엇보다 바로 자기 자신에 대한 생각이
이전과는 다르게 질적으로 변화한다. 그리고 세상을 보는
눈, 즉 세계관이 한 차원 높아지는, 그래서 세상의 문제를

예전과는 다르게 더욱 넓고 깊게 보는 지평을 가지게 되는 경험을 한다고 보고한다. 그것이 바로 성장하고 있다는 증거라는 것이다.

내가 만난 세월호 유가족이 자주 들려주던 말이 있다. "자녀를 이렇게 떠나보내고 나서 제가 참 많이 변했어요. 과거에는 정말 살림만 하면서 살았는데, 제가 이렇게 용감하고 의지가 강한 사람인 줄 예전에는 몰랐어요." 새로운 변화다. "정말 예전에는 세상 물정도 하나도 모르고 살았는데, 이제 세상을 구석구석 살피는 눈도 생겼어요. 얼마나 힘없이 당하는 사람이 많은지, 마음에 큰 상처를 입고도 남몰래 울고 있는 사람이 얼마나 많은지 이제 알았어요. 다른 사람에 대한, 그리고 세상에 대한 새로운 시각이 생긴 것 같아요." 연구자들이 지적하는 세상을 보는 지평인 세계관의 확장이다.

뿐만 아니다. 내가 만난 유가족은 이제 자신이 상처 입은 사람들을 누구보다도 더 잘 이해하고 공감할 수 있는 사람이 되어 있다는 것이 너무 놀랍다고 하는 고백도 했다. 나는 이런 변화가 바로 역경 후 성장이라고 확신했다.

분명 세월호 참사 사건 자체를 우리가 그 이전으로 돌려놓을 수는 없는 일이다. 하지만 개인과 사회적 치유가 아예 불가능하다고 포기하지는 말자. 어떠한 외상과 역경이라도 자신과 사회를 보다 높은 차원으로 발전시키는 성장을 만들어갈 수 있기 때문이다.

연구자들은 역경 후 성장에서 가장 중요한 변화 중 하나가 바로 영적 성장(spiritual growth)이라고 주장한다. 영적 성장은 과연 무엇일까? 영적 성장은 꼭 어떤 특정 종교에 입교한 사람에게 일어나는 변화가 아니다. 누구나 자신의 세계를 초월해서 타인을 위한 이타적인 사람이 되어가고, 진정으로 타인의 아픔에 공감할 줄 아는 '상처 입은 치유자(wounded healer)'로 바뀌어갈 때 영혼이 성장하는 것이다.

『상처 입은 치유자』라는 책을 쓴 헨리 나우웬(Henri Nouwen)은 이런 말을 남겼다. "우리는 자신이 입은 상처로 인해서 다른 사람에게 생명을 주는 원천이 될 수 있다." 그렇다. 상처가 생명의 숨으로 변화되는 것이 영적 성장이다.

책을 마치며

우리는 '치유하는 인간(Homo Sanans)'으로 태어났다. 나는 이 책을 통해서 우리가 이 세상에 막 태어났을 때부터 줄곧 힐링을 경험해왔다는 점을 말하고 싶었다. 그런데 아쉽게도 거의 대부분의 사람들이 그런 힐러로서의 본능을 인지하지 못한 채 지내왔고, 그 놀라운 능력을 제대로 활용하지 못하고 있다. 마음은 밖으로만 향하고, 세상살이에서 학습한 욕망은 커지고, 정체 모를 조바심과 불안은 짙어진다.

이 책을 읽고 난 지금 여러분 각자가 모두 힐러, 치유하는 사람이 되었기를 바라는 마음 간절하다. 치유와 회복은 외부로부터 오는 것이 아니다. 우리 안에는 우리 스스로 회복하고 치유할 수 있는 심리적 조건들이 이미 갖추어져 있다. 문제는 이 스위치를 찾아 켜는가 그렇지 못하는가일 뿐이다.

벌써 눈치 챈 독자도 있겠지만, 지금까지 살펴본 여덟 가지 마음 돌봄의 기술의 영어 앞 글자를 순서대로 모으면, 힐링(H-E-A-L-I-N-G)이라는 단어가 만들어진다. 이 마음 돌봄의 기술은 꼬리에 꼬리를 물고 연결되어 있다. 이들은 마치 뫼비우스의 띠처럼 순환하고 상호작용한다.

나/우리 안에 치유의 힘이 내재되어 있다. 그 소중한 능력을 발현하면, 나 자신뿐 아니라 타인을 위로하고 치유할 수 있다. 그리고 이 치유의 과정에서 우리는 나와 타인과 세상을 마음 깊이 연민하고, 그렇게 이전과는 다른 차원으로, 한 단계 고양된 영혼으로 성장한다.

지금까지 짧지 않은 마음 여행에 동행해준 여러분께 감사와 축하의 박수를 보내고 싶다. 마음 돌봄의 기술은 우리 안에 있는 최고의 선물이다. 누구나 갖고 있는 아름다운 힘이다. 마음껏 누리고, 가족과 이웃에게 그 선물을 나누는 모두가 되기를 두 손 모아 기원한다.

EBS CLASS ⓔ 시리즈 12

타인도 나 자신도 위로할 줄 모르는 당신에게
치유하는 인간

1판 1쇄 발행 2020년 12월 28일
1판 3쇄 발행 2021년 7월 7일

지은이 권수영

펴낸이 김명중 | **콘텐츠기획센터장** 류재호 | **북&렉처프로젝트팀장** 유규오
북매니저 박성근 | **북팀** 박혜숙, 여운성, 장효순, 최재진 | **마케팅** 김효정, 최은영

책임편집 정진라 | **디자인** 오하라 | **인쇄** 우진코니티

펴낸곳 한국교육방송공사(EBS)
출판신고 2001년 1월 8일 제2017-000193호
주소 경기도 고양시 일산동구 한류월드로 281
대표전화 1588-1580 **홈페이지** www.ebs.co.kr

ISBN 978-89-547-5669-3 04300
     978-89-547-5388-3 (세트)

ⓒ 2020, 권수영

이 책은 저작권법에 따라 보호받는 저작물이므로 무단 전재 및 무단 복제를 금합니다.
파본은 구입처에서 교환해드리며, 관련 법령에 따라 환불해드립니다.

제품 훼손 시 환불이 불가능합니다.